교재 머릿말만 여덟번 읽고, 쓰고,
漢子를 배우면 自信感이 생기면서 쉽게 배울 수 있다.

대한민국 한자급수(자격) 검정대비

급수검정 한자교본

韓國漢子能力檢定會 施行 · 韓國 語文會 選定

경필쓰기 겸용

학생 · 공무원 · 직장인 · 사회단체
인사고과 점수반영
수능 및 각종 시험 자격인정

배정한자 훈음 + 배정한자 연습용 습자
한자에 훈음쓰기 + 훈음에 한자쓰기
실전예상문제 20회분 + 기출문제 5회분

전국 유치원 · 초 · 중 · 고등학교
서예 한자학원에서
가장 많이 선택하여 사용하는 교재

3급 II
(400子)

도서출판 지능 · 신기교육
borambook.co.kr

머 리 말

 국제화 세계화 시대에 뒤지지 않는 국제문자인 한자교육에 대한 국민적 관심도 유도하고 정보화 시대에 대응하면서 진학과 취업에 대비하고 평생 학습의 하나로 배우고자 하는 사람을 위하여 누구나 쉽게 익힘으로써 한자에 대한 두려움을 미연에 방지하고 자연스럽게 접 할 수 있도록 현대감각에 맞게 자원을 풀이하여 자원 풀이만 읽어보아도 누구나 쉽게 익힐 수 있도록 편집되어 있으며, 그로 인해 본인이 익힌 한자 실력을 객관적으로 평가하여 21세기는 자격증 시대인 만큼 누구나 본인이 익힌 만큼 급수 자격시험을 볼 수 있도록 급수별로 편집 하였습니다.

 아무쪼록 이 책으로 인하여 본인이 願하는 한자급수자격 시험에 합격하시길 바랍니다.

저자 박 우 하 씀

◇ 이 級數 漢字 敎材의 特徵은! ◇

1. 本 敎材에 나온 漢字의 部首를 먼저 익히도록 하였습니다.

2. 漢字 排列은 總 劃數가 적은 것부터 總 劃數가 많은 것으로 하였습니다.

3. 音(소리) 順序는 가, 나, 다 順으로 하였습니다.

4. 漢字語(낱말)는 앞에서 배운 漢字와 지금 배우고 있는 漢字로 이루어졌으므로 앞에서 배운 漢字를 自然스럽게 反復 익힐 수 있습니다.

　　※ (:)긴소리와 짧은소리(長音·短音).　 : 긴소리(長音)

　아울러 漢字의 部首도 익히고 總 劃數도 익히며, 배운 漢字와 배우는 漢字의 合成字인 漢字語(낱말)도 꼭 익혀야 우리 日常生活에 큰 도움이 됩니다. 부디 熱心히 學習하여 좋은 結果 있기를 바랍니다.

8급 배정한자 (50字)

校 : 학교 교	母 : 어미 모	小 : 작을 소	弟 : 아우 제	
敎 : 가르칠 교	木 : 나무 목	水 : 물 수	中 : 가운데 중	
九 : 아홉 구	門 : 문 문	室 : 집 실	靑 : 푸를 청	
國 : 나라 국	民 : 백성 민	十 : 열 십	寸 : 마디 촌	
軍 : 군사 군	白 : 흰 백	五 : 다섯 오	七 : 일곱 칠	
金 : 쇠 금 / 성 김	父 : 아비 부	王 : 임금 왕	土 : 흙 토	
南 : 남녘 남	北 : 북녘 북 / 달아날 배	外 : 바깥 외	八 : 여덟 팔	
女 : 계집 녀	四 : 넉 사	月 : 달 월	學 : 배울 학	
年 : 해 년	山 : 메(산) 산	二 : 두 이	韓 : 한국 / 나라 한	
大 : 큰 대	三 : 석 삼	人 : 사람 인	兄 : 형 형	
東 : 동녘 동	生 : 날 생	一 : 한 일	火 : 불 화	
六 : 여섯 륙	西 : 서녘 서	日 : 해(날) 일		
萬 : 일만 만	先 : 먼저 선	長 : 긴 장		

7급 배정한자 (100字)

家 : 집	가	林 : 수풀	림	時 : 때	시	住 : 살	주
歌 : 노래	가	立 : 설	립	食 : 밥	식	重 : 무거울	중
間 : 사이	간	每 : 매양	매	植 : 심을	식	紙 : 종이	지
江 : 강	강	面 : 낯	면	心 : 마음	심	地 : 따	지
車 : 수레	거차	名 : 이름	명	安 : 편안	안	直 : 곧을	직
工 : 장인	공	命 : 목숨	명	語 : 말씀	어	川 : 내	천
空 : 빌	공	文 : 글월	문	然 : 그럴	연	千 : 일천	천
口 : 입	구	問 : 물을	문	午 : 낮	오	天 : 하늘	천
氣 : 기운	기	物 : 물건	물	右 : 오른	우	草 : 풀	초
記 : 기록할	기	方 : 모	방	有 : 있을	유	村 : 마을	촌
旗 : 기	기	百 : 일백	백	育 : 기를	육	秋 : 가을	추
男 : 사내	남	夫 : 지아비	부	邑 : 고을	읍	春 : 봄	춘
內 : 안	내	不 : 아니	불	入 : 들	입	出 : 날	출
農 : 농사	농	事 : 일	사	自 : 스스로	자	便 : 편할편 오줌동	변
答 : 대답	답	算 : 셈	산	子 : 아들	자	平 : 평평할	평
道 : 길	도	上 : 윗	상	字 : 글자	자	下 : 아래	하
動 : 움직일	동	色 : 빛	색	場 : 마당	장	夏 : 여름	하
同 : 한가지	동	夕 : 저녁	석	電 : 번개	전	漢 : 한수	한
洞 : 골	동	姓 : 성씨	성	全 : 온전	전	海 : 바다	해
冬 : 겨울	동	世 : 인간	세	前 : 앞	전	話 : 말씀	화
登 : 오를	등	少 : 적을	소	正 : 바를	정	花 : 꽃	화
來 : 올	래	所 : 바	소	祖 : 할아비	조	活 : 살	활
力 : 힘	력	手 : 손	수	足 : 발	족	孝 : 효도	효
老 : 늙을	로	數 : 셈	수	左 : 왼	좌	後 : 뒤	후
里 : 마을	리	市 : 저자	시	主 : 주인	주	休 : 쉴	휴

6급 배정한자 (150字)

角 : 뿔	각	對 : 대할	대	服 : 옷	복	夜 : 밤	야	庭 : 뜰	정
各 : 각각	각	待 : 기다릴	대	本 : 근본	본	弱 : 약할	약	定 : 정할	정
感 : 느낄	감	圖 : 그림	도	部 : 떼	부	藥 : 약	약	第 : 차례	제
強 : 강할	강	度 : 법도	도	分 : 나눌	분	洋 : 큰바다	양	題 : 문제	제
開 : 열	개	讀 : 읽을	독	社 : 모일	사	陽 : 볕	양	朝 : 아침	조
京 : 서울	경	童 : 아이	동	使 : 부릴	사	言 : 말씀	언	族 : 겨레	족
界 : 지경	계	頭 : 머리	두	死 : 죽을	사	業 : 업	업	注 : 부을	주
計 : 셀	계	等 : 무리	등	書 : 글	서	英 : 꽃부리	영	晝 : 낮	주
高 : 높을	고	樂 : 즐길	락	石 : 돌	석	永 : 길	영	集 : 모을	집
苦 : 쓸	고	例 : 법식	례	席 : 자리	석	溫 : 따뜻할	온	窓 : 창	창
古 : 옛	고	禮 : 예도	례	線 : 줄	선	勇 : 날랠	용	淸 : 맑을	청
公 : 공평할	공	路 : 길	로	雪 : 눈	설	用 : 쓸	용	體 : 몸	체
功 : 공	공	綠 : 푸를	록	成 : 이룰	성	運 : 옮길	운	親 : 친할	친
共 : 한가지	공	理 : 다스릴	리	省 : 살필	성	園 : 동산	원	太 : 클	태
科 : 과목	과	利 : 이할	리	消 : 사라질	소	遠 : 멀	원	通 : 통할	통
果 : 실과	과	李 : 오얏	리	速 : 빠를	속	由 : 말미암을	유	特 : 특별할	특
光 : 빛	광	明 : 밝을	명	孫 : 손자	손	油 : 기름	유	表 : 겉	표
交 : 사귈	교	目 : 눈	목	樹 : 나무	수	銀 : 은	은	風 : 바람	풍
球 : 공	구	聞 : 들을	문	術 : 재주	술	音 : 소리	음	合 : 합할	합
區 : 구분할	구	米 : 쌀	미	習 : 익힐	습	飮 : 마실	음	幸 : 다행	행
郡 : 고을	군	美 : 아름다울	미	勝 : 이길	승	意 : 뜻	의	行 : 다닐	행
根 : 뿌리	근	始 : 비로소	시	醫 : 의원	의	向 : 향할	향
近 : 가까울	근	反 : 돌이킬	반	式 : 법	식	衣 : 옷	의	現 : 나타날	현
今 : 이제	금	半 : 반	반	信 : 믿을	신	者 : 놈	자	形 : 모양	형
急 : 급할	급	班 : 나눌	반	身 : 몸	신	昨 : 어제	작	號 : 부르짖을	호
級 : 등급	급	發 : 필	발	新 : 새	신	作 : 지을	작	和 : 화할	화
多 : 많을	다	放 : 놓을	방	神 : 귀신	신	章 : 글	장	畵 : 그림	화
短 : 짧을	단	番 : 차례	번	失 : 잃을	실	才 : 재주	재	黃 : 누를	황
堂 : 집	당	別 : 다를	별	愛 : 사랑	애	在 : 있을	재	會 : 모일	회
代 : 대신	대	病 : 병	병	野 : 들	야	戰 : 싸움	전	訓 : 가르칠	훈

5급 배정한자 (200字)

價 : 값 가	觀 : 볼 관	都 : 도읍 도	法 : 법 법
可 : 옳을 가	廣 : 넓을 광	獨 : 홀로 독	變 : 변할 변
加 : 더할 가	橋 : 다리 교	落 : 떨어질 락	兵 : 병사 병
改 : 고칠 개	舊 : 예 구	朗 : 밝을 랑	福 : 복 복
客 : 손 객	具 : 갖출 구	冷 : 찰 랭	奉 : 받들 봉
擧 : 들 거	救 : 구원할 구	良 : 어질 량	比 : 견줄 비
去 : 갈 거	局 : 판 국	量 : 헤아릴 량	鼻 : 코 비
建 : 세울 건	貴 : 귀할 귀	旅 : 나그네 려	費 : 쓸 비
件 : 물건 건	規 : 법 규	歷 : 지날 력	氷 : 얼음 빙
健 : 굳셀 건	給 : 줄 급	練 : 익힐 련	仕 : 섬길 사
格 : 격식 격	己 : 몸 기	領 : 거느릴 령	士 : 선비 사
見 : 볼 견	基 : 터 기	令 : 하여금 령	史 : 사기 사
決 : 결단할 결	技 : 재주 기	勞 : 일할 로	思 : 생각 사
結 : 맺을 결	汽 : 물끓을김 기	料 : 헤아릴 료	寫 : 베낄 사
敬 : 공경 경	期 : 기약할 기	類 : 무리 류	査 : 조사할 사
景 : 볕 경	吉 : 길할 길	流 : 흐를 류	産 : 낳을 산
輕 : 가벼울 경	念 : 생각 념	陸 : 뭍 륙	相 : 서로 상
競 : 다툴 경	能 : 능할 능	馬 : 말 마	常 : 장사 상
告 : 고할 고	團 : 둥글 단	末 : 끝 말	賞 : 상줄 상
考 : 생각할 고	檀 : 단 단	望 : 바랄 망	序 : 차례 서
固 : 굳을 고	談 : 말씀 담	亡 : 망할 망	仙 : 신선 선
曲 : 굽을 곡	當 : 마땅 당	賣 : 팔 매	鮮 : 고울 선
課 : 과정 과	德 : 큰 덕	買 : 살 매	善 : 착할 선
過 : 지날 과	到 : 이를 도	無 : 없을 무	船 : 배 선
關 : 관계할 관	島 : 섬 도	倍 : 곱 배	選 : 가릴 선

5급 배정한자 (200字)

한자	훈	음	한자	훈	음	한자	훈	음	한자	훈	음
說	말씀	설	曜	빛날	요	典	법	전	最	가장	최
性	성품	성	浴	목욕할	욕	傳	전할	전	祝	빌	축
歲	해	세	雨	비	우	展	펼	전	充	채울	충
洗	씻을	세	友	벗	우	節	마디	절	致	이를	치
束	묶을	속	牛	소	우	切	끊을 절 온통	체	則	법칙	칙
首	머리	수	雲	구름	운	店	가게	점	打	칠	타
宿	잘	숙	雄	수컷	웅	情	뜻	정	他	다를	타
順	순할	순	元	으뜸	원	停	머무를	정	卓	높을	탁
示	보일	시	願	원할	원	調	고를	조	炭	숯	탄
識	알	식	原	언덕	원	操	잡을	조	宅	집 댁	택
臣	신하	신	院	집	원	卒	마칠	졸	板	널	판
實	열매	실	偉	클	위	種	씨	종	敗	패할	패
兒	아이	아	位	자리	위	終	마칠	종	品	물건	품
惡	악할/미워할	악/오	以	써	이	罪	허물	죄	必	반드시	필
案	책상	안	耳	귀	이	週	주일	주	筆	붓	필
約	맺을	약	因	인할	인	州	고을	주	河	물	하
養	기를	양	任	맡길	임	知	알	지	寒	찰	한
魚	물고기	어	財	재물	재	止	그칠	지	害	해할	해
漁	고기잡을	어	材	재목	재	質	바탕	질	許	허락할	허
億	억	억	災	재앙	재	着	붙을	착	湖	호수	호
熱	더울	열	再	두	재	參	참여할	참	化	될	화
葉	잎	엽	爭	다툴	쟁	唱	부를	창	患	근심	환
屋	집	옥	貯	쌓을	저	責	꾸짖을	책	效	본받을	효
完	완전할	완	的	과녁	적	鐵	쇠	철	凶	흉할	흉
要	요긴할	요	赤	붉을	적	初	처음	초	黑	검을	흑

4급 II 배정한자 (250字)

假	:	거짓	가	端	:	끝	단	味	:	맛	미	舍	:	집	사
街	:	거리	가	單	:	홀	단	未	:	아닐	미	寺	:	절	사
監	:	볼	감	檀	:	박달나무	단	密	:	빽빽할	밀	殺	:	죽일	살
減	:	덜	감	達	:	통달할	달	博	:	넓을	박	狀	:	형상/문서	상/장
康	:	편안	강	擔	:	멜	담	房	:	방	방	床	:	상	상
講	:	욀	강	黨	:	무리	당	防	:	막을	방	常	:	떳떳할	상
個	:	낱	개	隊	:	무리	대	訪	:	찾을	방	想	:	생각	상
檢	:	검사할	검	帶	:	띠	대	配	:	나눌	배	設	:	베풀	설
潔	:	깨끗할	결	導	:	인도할	도	背	:	등	배	誠	:	정성	성
缺	:	이지러질	결	督	:	감독할	독	拜	:	절	배	聖	:	성인	성
經	:	지날, 글	경	毒	:	독	독	罰	:	벌	벌	城	:	재	성
境	:	지경	경	銅	:	구리	동	伐	:	칠	벌	聲	:	소리	성
慶	:	경사	경	豆	:	콩	두	壁	:	벽	벽	星	:	별	성
警	:	깨우칠	경	斗	:	말	두	邊	:	가	변	盛	:	성할	성
係	:	맬	계	得	:	얻을	득	報	:	갚을	보	勢	:	형세	세
故	:	연고	고	燈	:	등	등	寶	:	보배	보	細	:	가늘	세
官	:	벼슬	관	羅	:	벌릴	라	保	:	지킬	보	稅	:	세금	세
求	:	구할	구	兩	:	두	량	步	:	걸을	보	掃	:	쓸	소
究	:	연구할	구	麗	:	고울	려	婦	:	며느리	부	笑	:	웃음	소
句	:	글귀	구	連	:	이을	련	富	:	부자	부	素	:	본디	소
宮	:	집	궁	列	:	벌릴	렬	復	:	회복할/다시	복/부	俗	:	풍속	속
權	:	권세	권	錄	:	기록할	록	副	:	버금	부	續	:	이을	속
極	:	극진할	극	論	:	논할	론	府	:	마을/관청	부	送	:	보낼	송
禁	:	금할	금	留	:	머무를	류	佛	:	부처	불	收	:	거둘	수
器	:	그릇	기	律	:	법칙	률	備	:	갖출	비	授	:	줄	수
起	:	일어날	기	滿	:	찰	만	悲	:	슬플	비	受	:	받을	수
暖	:	따뜻할	난	脈	:	줄기	맥	非	:	아닐	비	修	:	닦을	수
難	:	어려울	난	毛	:	터럭	모	飛	:	날	비	守	:	지킬	수
努	:	힘쓸	노	牧	:	칠	목	貧	:	가난할	빈	純	:	순수할	순
怒	:	성낼	노	武	:	호반	무	謝	:	사례할	사	承	:	이을	승
斷	:	끊을	단	務	:	힘쓸	무	師	:	스승	사	視	:	볼	시

4급Ⅱ 배정한자 (250字)

試	시험 시	應	응할 응	竹	대 죽	波	물결 파
詩	시 시	義	옳을 의	準	준할 준	破	깨뜨릴 파
施	베풀 시	議	의논할 의	衆	무리 중	砲	대포 포
是	이 시	移	옮길 이	增	더할 증	包	쌀 포
息	쉴 식	益	더할 익	至	이를 지	布	베 포, 보시 보
申	납 신	認	알 인	志	뜻 지	暴	사나울 폭
深	깊을 심	印	도장 인	支	지탱할 지	票	표 표
眼	눈 안	引	끌 인	指	가리킬 지	豊	풍년 풍
暗	어두울 암	將	장수 장	職	직분 직	限	한정 한
壓	누를 압	障	막을 장	進	나아갈 진	港	항구 항
液	진 액	低	낮을 저	眞	참 진	航	배 항
羊	양 양	敵	대적할 적	次	버금 차	解	풀 해
餘	남을 여	田	밭 전	察	살필 찰	香	향기 향
如	같을 여	絶	끊을 절	創	비롯할 창	鄕	시골 향
逆	거스를 역	接	이을 접	處	곳 처	虛	빌 허
煙	연기 연	精	정할 정	請	청할 청	驗	시험할 험
演	펼 연	程	길 정	銃	총 총	賢	어질 현
硏	갈 연	政	정사 정	總	다 총	血	피 혈
榮	영화 영	祭	제사 제	築	쌓을 축	協	화할 협
藝	재주 예	濟	건널 제	蓄	모을 축	惠	은혜 혜
誤	그르칠 오	製	지을 제	蟲	벌레 충	好	좋을 호
玉	구슬 옥	際	즈음, 가 제	忠	충성 충	呼	부를 호
往	갈 왕	制	절제할 제	取	가질 취	護	도울 호
謠	노래 요	提	끌 제	測	헤아릴 측	戶	집 호
容	얼굴 용	除	덜 제	置	둘 치	貨	재물 화
員	인원 원	助	도울 조	齒	이 치	確	굳을 확
圓	둥글 원	鳥	새 조	治	다스릴 치	回	돌아올 회
爲	하, 할 위	造	지을 조	侵	침노할 침	吸	마실 흡
衛	지킬 위	早	이를 조	快	쾌할 쾌	興	일 흥
肉	고기 육	尊	높을 존	態	모습 태	希	바랄 희
恩	은혜 은	宗	마루 종	統	거느릴 통		
陰	그늘 음	走	달릴 주	退	물러날 퇴		

4급 배정한자 (250字)

暇 : 틈, 겨를 가	庫 : 곳집 고	卵 : 알 란	批 : 비평할 비
覺 : 깨달을 각	穀 : 곡식 곡	覽 : 볼 람	碑 : 비석 비
刻 : 새길 각	困 : 곤할 곤	略 : 간략할, 약할 략	辭 : 말씀 사
看 : 볼 간	骨 : 뼈 골	糧 : 양식 량	絲 : 실 사
簡 : 대쪽 간	攻 : 칠 공	慮 : 생각할 려	私 : 사사 사
干 : 방패 간	孔 : 구멍 공	烈 : 매울 렬	射 : 쏠 사
甘 : 달 감	管 : 대롱, 주관할 관	龍 : 용 룡	散 : 흩을 산
敢 : 감히, 구태여 감	鑛 : 쇳돌 광	柳 : 버들 류	象 : 코끼리 상
甲 : 갑옷 갑	構 : 얽을 구	輪 : 바퀴 륜	傷 : 다칠 상
降 : 내릴 강	君 : 임금 군	離 : 떠날 리	宣 : 베풀 선
更 : 고칠 갱	群 : 무리 군	妹 : 누이 매	舌 : 혀 설
巨 : 클 거	屈 : 굽힐 굴	勉 : 힘쓸 면	屬 : 붙일 속
據 : 근거 거	窮 : 다할 궁	鳴 : 울 명	損 : 덜 손
拒 : 막을 거	勸 : 권할 권	模 : 본뜰 모	松 : 소나무 송
居 : 살 거	卷 : 책 권	妙 : 묘할 묘	頌 : 칭송할, 기릴 송
傑 : 뛰어날 걸	券 : 문서 권	墓 : 무덤 묘	秀 : 빼어날 수
儉 : 검소할 검	歸 : 돌아갈 귀	舞 : 춤출 무	肅 : 엄숙할 숙
擊 : 칠 격	均 : 고를 균	拍 : 칠 박	叔 : 아재비 숙
激 : 격할 격	劇 : 심할 극	髮 : 터럭 발	崇 : 높을 숭
堅 : 굳을 견	筋 : 힘줄 근	妨 : 방해할 방	氏 : 성씨 씨
犬 : 개 견	勤 : 부지런할 근	範 : 법 범	額 : 이마 액
驚 : 놀랄 경	奇 : 기특할 기	犯 : 범할 범	樣 : 모양 양
傾 : 기울 경	機 : 틀 기	辯 : 말씀 변	嚴 : 엄할 엄
鏡 : 거울 경	紀 : 벼리 기	普 : 넓을 보	與 : 더불, 줄 여
繼 : 이을 계	寄 : 부칠 기	伏 : 엎드릴 복	易 : 바꿀, 쉬울 역
階 : 섬돌 계	納 : 들일 납	複 : 겹칠 복	域 : 지경 역
戒 : 경계할 계	段 : 층계 단	否 : 아닐 부	延 : 늘일 연
季 : 계절 계	徒 : 무리 도	負 : 질 부	緣 : 인연 연
鷄 : 닭 계	逃 : 도망 도	憤 : 분할 분	鉛 : 납 연
系 : 이어맬 계	盜 : 도둑 도	粉 : 가루 분	燃 : 탈 연
孤 : 외로울 고	亂 : 어지러울 란	祕 : 숨길 비	營 : 경영할 영

4급 배정한자 (250字)

迎 : 맞을 영	獎 : 장려할 장	智 : 지혜, 슬기 지	篇 : 책 편
映 : 비칠 영	帳 : 장막 장	織 : 짤 직	評 : 평할 평
豫 : 미리 예	張 : 베풀 장	盡 : 다할 진	閉 : 닫을 폐
遇 : 만날 우	底 : 밑 저	珍 : 보배 진	胞 : 세포 포
優 : 넉넉할 우	適 : 맞을 적	陣 : 진칠 진	爆 : 불터질 폭
郵 : 우편 우	籍 : 문서 적	差 : 다를 차	標 : 표할 표
怨 : 원망할 원	賊 : 도둑 적	讚 : 기릴 찬	疲 : 피곤할 피
援 : 도울 원	績 : 길쌈 적	採 : 캘 채	避 : 피할 피
源 : 근원 원	積 : 쌓을 적	冊 : 책 책	閑 : 한가할 한
圍 : 에워쌀 위	專 : 오로지 전	泉 : 샘 천	恨 : 한 한
危 : 위태할 위	轉 : 구를 전	聽 : 들을 청	抗 : 겨룰 항
威 : 위엄 위	錢 : 돈 전	廳 : 관청 청	核 : 씨 핵
委 : 맡길 위	折 : 꺾을 절	招 : 부를 초	憲 : 법 헌
慰 : 위로할 위	點 : 점 점	推 : 밀 추	險 : 험할 험
遺 : 남길 유	占 : 점령할 점	縮 : 줄일 축	革 : 가죽 혁
乳 : 젖 유	丁 : 고무래 정	趣 : 뜻 취	顯 : 나타날 현
遊 : 놀 유	整 : 가지런할 정	就 : 나아갈 취	刑 : 형벌 형
儒 : 선비 유	靜 : 고요할 정	層 : 층 층	或 : 혹 혹
隱 : 숨을 은	帝 : 임금 제	寢 : 잘 침	混 : 섞을 혼
依 : 의지할 의	條 : 가지 조	針 : 바늘 침	婚 : 혼인할 혼
疑 : 의심할 의	組 : 짤 조	稱 : 일컬을 칭	紅 : 붉을 홍
儀 : 거동 의	潮 : 조수 조	彈 : 탄알 탄	華 : 빛날 화
異 : 다를 이	存 : 있을 존	歎 : 탄식할 탄	環 : 고리 환
仁 : 어질 인	從 : 좇을 종	脫 : 벗을 탈	歡 : 기쁠 환
姿 : 모양 자	鍾 : 쇠북 종	探 : 찾을 탐	況 : 상황 황
姉 : 손위누이 자	座 : 자리 좌	擇 : 가릴 택	灰 : 재 회
資 : 재물 자	周 : 두루 주	討 : 칠 토	候 : 기후 후
殘 : 남을 잔	朱 : 붉을 주	痛 : 아플 통	厚 : 두터울 후
雜 : 섞일 잡	酒 : 술 주	鬪 : 싸움 투	揮 : 휘두를 휘
壯 : 장할 장	證 : 증거 증	投 : 던질 투	喜 : 기쁠 희
腸 : 창자 장	誌 : 기록할 지	派 : 갈래 파	
裝 : 꾸밀 장	持 : 가질 지	判 : 판단할 판	

3급 II 배정한자(400字)

한자	훈	음:쪽	한자	훈	음:쪽	한자	훈	음:쪽	한자	훈	음:쪽	한자	훈	음:쪽
佳	아름다울	가:27	怪	괴이할	괴:27	蘭	난초	란:81	慕	그릴	모:69	卑	낮을	비:28
脚	다리	각:45	壞	무너질	괴:79	浪	물결	랑:39	謀	꾀	모:73	婢	계집종	비:48
閣	집	각:62	巧	공교할	교:19	郞	사내	랑:39	睦	화목할	목:59	司	맡을	사:20
刊	새길	간:19	較	비교	교:58	廊	사랑채	랑:58	沒	빠질	몰:24	沙	모래	사:24
肝	간	간:23	久	오랠	구:17	凉	서늘할	량:39	夢	꿈	몽:64	邪	간사할	사:24
幹	줄기	간:57	拘	잡을	구:27	勵	힘쓸	려:75	蒙	어두울	몽:64	祀	제사	사:29
懇	간절할	간:75	菊	국화	국:52	曆	책력	력:73	茂	무성할	무:33	詞	말, 글	사:53
鑑	거울	감:82	弓	활	궁:17	聯	연이을	련:76	貿	무역할	무:53	森	수풀	삼:54
剛	굳셀	강:37	拳	주먹	권:38	鍊	쇠불릴	련:76	默	잠잠할	묵:73	尙	오히려	상:29
綱	벼리	강:62	鬼	귀신	귀:38	戀	그릴	련:82	紋	무늬	문:40	喪	잃을	상:54
介	낄	개:18	克	이길	극:23	嶺	고개	령:76	勿	말	물:18	詳	자세할	상:60
槪	대개	개:68	琴	거문고	금:53	靈	신령	령:83	微	작을	미:59	裳	치마	상:65
距	상거할	거:52	禽	새	금:58	露	이슬	로:80	迫	핍박할	박:33	像	모양	상:64
乾	하늘	건:45	錦	비단	금:72	爐	화로	로:80	薄	엷을	박:76	霜	서리	상:77
劍	칼	검:68	及	미칠	급:18	弄	희롱할	롱:24	般	일반 가지	반:40	雙	두, 쌍	쌍:78
訣	이별할	결:46	企	꾀할	기:21	賴	의뢰할	뢰:73	飯	밥	반:59	索	찾을	색:41
兼	겸할	겸:37	其	그	기:28	樓	다락	루:69	培	북돋울	배:48	徐	천천할	서:41
謙	겸손할	겸:75	祈	빌	기:32	倫	인륜	륜:39	排	밀칠	배:48	恕	용서할	서:41
耕	밭갈	경:37	畿	경기	기:68	栗	밤	률:40	輩	무리	배:69	署	관청	서:65
頃	잠깐	경:46	緊	긴할	긴:63	率	거느릴 솔,률	률:47	伯	맏	백:24	緖	실마리	서:69
契	맺을	계:32	諾	허락할	낙:73	隆	높을	륭:53	繁	번성할	번:76	惜	아낄	석:49
啓	열	계:46	娘	아가씨	낭:38	陵	언덕	릉:47	凡	무릇	범:17	釋	풀	석:80
械	기계	계:46	耐	견딜	내:33	吏	관리	리:21	碧	푸를	벽:64	旋	돌	선:49
溪	시내	계:57	寧	편안	녕:63	裏	속	리:59	丙	남녘	병:20	疏	소통할	소:49
姑	시어미	고:27	奴	종	노:20	履	밟을	리:69	補	기울	보:53	訴	호소할	소:54
鼓	북	고:58	腦	골, 뇌수	뇌:58	臨	임할	림:76	腹	배	복:60	蘇	되살아날	소:80
稿	볏짚	고:68	茶	차	다:39	莫	없을	막:47	封	봉할	봉:33	刷	인쇄할	쇄:29
谷	골	곡:23	丹	붉을	단:18	幕	장막	막:63	峯	봉우리	봉:40	衰	쇠할	쇠:41
哭	울	곡:37	旦	아침	단:20	漠	넓을	막:63	逢	만날	봉:48	帥	장수	수:34
供	이바지할	공:27	但	다만	단:23	妄	망령될	망:21	付	부칠	부:20	殊	다를	수:41
恭	공손할	공:38	淡	맑을	담:46	梅	매화	매:47	扶	도울	부:24	愁	근심	수:60
貢	바칠	공:38	踏	밟을	답:69	盲	소경	맹:28	附	붙을	부:28	需	쓸	수:65
恐	두려울	공:38	唐	당나라	당:39	孟	맏	맹:28	浮	뜰	부:40	壽	목숨	수:65
誇	자랑할	과:58	臺	대	대:63	猛	사나울	맹:48	符	부호	부:48	隨	따를	수:74
寡	적을	과:62	刀	칼	도:17	盟	맹세	맹:59	簿	문서	부:79	輸	보낼	수:74
冠	갓	관:32	途	길	도:47	眠	잘	면:40	奔	달릴	분:33	獸	짐승	수:79
貫	꿸	관:46	陶	질그릇	도:47	綿	솜	면:63	紛	어지러울	분:41	淑	맑을	숙:49
寬	너그러울	관:68	突	갑자기	돌:33	滅	멸할	멸:59	奮	떨칠	분:73	熟	익을	숙:70
慣	익숙할	관:62	絡	이을	락:53	銘	새길	명:64	妃	왕비	비:22	旬	열흘	순:22
館	집	관:75	欄	난간	란:81	貌	모양	모:64	肥	살찔	비:28	巡	돌	순:25

3급Ⅱ 배정한자(400字)

瞬 : 눈깜짝일 순:77	烏 : 까마귀 오:42	載 : 실을 재:61	此 : 이 차:23	弊 : 폐단 해질 폐:72
述 : 펼 술:34	悟 : 깨달을 오:42	抵 : 막을 저:30	贊 : 도울 찬:79	浦 : 개 포:44
拾 : 주울 습, 열 십:34	獄 : 옥 옥:66	著 : 나타낼 저:61	昌 : 창성할 창:31	楓 : 단풍 풍:62
襲 : 엄습할 습:82	辱 : 욕될 욕:42	寂 : 고요할 적:50	倉 : 곳집 창:43	皮 : 가죽 피:21
昇 : 오를 승:29	欲 : 하고자할 욕:50	笛 : 피리 적:50	蒼 : 푸를 창:67	彼 : 저 피:32
乘 : 탈 승:42	慾 : 욕심 욕:70	跡 : 발자취 적:61	彩 : 채색 채:51	被 : 입을 피:45
僧 : 중 승:65	宇 : 집 우:22	摘 : 딸 적:66	菜 : 나물 채:56	畢 : 마칠 필:52
侍 : 모실 시:29	偶 : 짝 우:50	蹟 : 자취 적:78	策 : 꾀 책:56	何 : 어찌 하:26
飾 : 꾸밀 식:65	愚 : 어리석을 우:60	漸 : 점점 점:66	妻 : 아내 처:31	賀 : 하례할 하:56
愼 : 삼갈 신:60	憂 : 근심 우:70	井 : 우물 정:19	尺 : 자 척:19	鶴 : 학 학:82
甚 : 심할 심:34	韻 : 운 운:79	廷 : 조정 정:25	拓 : 넓힐 척:31	割 : 벨 할:56
審 : 살필 심:70	越 : 넘을 월:54	征 : 칠 정:30	戚 : 친척 척:51	含 : 머금을 함:27
我 : 나 아:25	謂 : 이를 위:74	亭 : 정자 정:35	淺 : 얕을 천:52	陷 : 빠질 함:52
亞 : 버금 아:29	幼 : 어릴 유:21	貞 : 곧을 정:35	踐 : 밟을 천:71	恒 : 항상 항:36
阿 : 언덕 아:30	柔 : 부드러울 유:35	頂 : 정수리 정:51	賤 : 천할 천:71	項 : 항목 항:57
雅 : 맑을 아:54	幽 : 그윽할 유:35	淨 : 깨끗할 정:51	哲 : 밝을 철:44	響 : 울릴 향:82
岸 : 언덕 안:30	悠 : 멀 유:50	齊 : 가지런할 제:67	徹 : 통할 철:72	獻 : 드릴 헌:81
顔 : 낯 안:78	猶 : 오히려 유:55	諸 : 모두 제:74	肖 : 닮을, 같을 초:26	玄 : 검을 현:21
嚴 : 엄할 엄:83	裕 : 넉넉할 유:55	兆 : 억조 조:22	超 : 뛰어넘을 초:56	懸 : 달 현:81
央 : 가운데 앙:20	維 : 벼리 유:66	照 : 비칠 조:61	礎 : 주춧돌 초:78	脅 : 위협할 협:45
仰 : 우러를 앙:22	誘 : 꾈 유:66	縱 : 세로 종:77	促 : 재촉할 촉:36	慧 : 슬기로울 혜:72
哀 : 슬플 애:34	潤 : 불을 윤:70	坐 : 앉을 좌:26	觸 : 닿을 촉:81	虎 : 범 호:32
若 : 같을 약, 반야 야:34	乙 : 새 을:17	宙 : 집 주:30	催 : 재촉할 최:61	胡 : 되 호:36
揚 : 날릴 양:54	已 : 이미 이:17	洲 : 물가 주:36	追 : 쫓을 따를 추:44	浩 : 넓을 호:45
壤 : 흙덩이 양:80	翼 : 날개 익:77	柱 : 기둥 주:35	衝 : 찌를 충:78	豪 : 호걸 호:67
讓 : 사양할 양:83	忍 : 참을 인:25	卽 : 곧 즉:36	吹 : 불 취:26	惑 : 미혹할 혹:57
御 : 거느릴 어:49	逸 : 편안할 일:55	症 : 증세 증:43	醉 : 취할 취:78	魂 : 넋 혼:67
抑 : 누를 억:25	壬 : 북방 임:18	曾 : 일찍 증:56	側 : 곁 측:53	忽 : 갑자기 홀:32
憶 : 생각할 억:74	慈 : 사랑 자:66	蒸 : 찔 증:67	値 : 값 치:44	洪 : 넓을 홍:37
亦 : 또 역:22	暫 : 잠깐 잠:71	憎 : 미울 증:71	恥 : 부끄러울 치:44	禍 : 재앙 화:67
役 : 부릴 역:25	潛 : 잠길 잠:71	之 : 갈 지:19	稚 : 어릴 치:61	換 : 바꿀 환:57
譯 : 번역할 역:80	丈 : 어른 장:18	池 : 못 지:23	沈 : 잠길, 침성 심:26	還 : 돌아올 환:77
驛 : 역 역:83	莊 : 씩씩할 장:50	辰 : 별 진 때 신:26	塔 : 탑 탑:62	皇 : 임금 황:37
沿 : 물따라갈 연:30	掌 : 손바닥 장:55	振 : 떨칠 진:43	殆 : 거의 태:36	悔 : 뉘우칠 회:45
宴 : 잔치 연:42	葬 : 장사지낼 장:60	陳 : 베풀 진:51	泰 : 클 태:44	懷 : 품을 회:79
軟 : 연할 연:49	粧 : 단장할 장:55	鎭 : 진압할 진:78	澤 : 못 택:74	劃 : 그을 획:68
悅 : 기쁠 열:42	藏 : 감출 장:78	疾 : 병 질:43	兎 : 토끼 토:31	獲 : 얻을 획:77
染 : 물들 염:35	臟 : 오장 장:82	秩 : 차례 질:43	版 : 판목 판:31	橫 : 가로 횡:75
影 : 그림자 영:70	栽 : 심을 재:43	執 : 잡을 집:51	片 : 조각 편:19	稀 : 드물 희:57
譽 : 기릴 명예 예:81	裁 : 옷마를 재:55	徵 : 부를 징:71	肺 : 허파 폐:31	戱 : 놀이 희:75

3급 II 배정한자 부수

| 川 | 뜻 내 | 소리 천 | | 물이 흐르는 모양을 본떠 "내"를 뜻한 자 |

총 3획 쓰는순서 : 丿 巛 巛

| 내 천 |
| 川 |

| 내 천 |
| 川 |

| 无 | 뜻 없을 | 소리 무 | | 마시고 먹을 때 거슬려 숨쉬지 못 함을 뜻한 자로 기운이 "없다"를 나타낸 자 |

총 4획 쓰는순서 : 一 二 于 无

| 없을 무 |
| 无 |

| 없을 무 |
| 无 |

| 牙 | 뜻 어금니 | 소리 아 | | 큰 이가 위아래로 서로 어긋난 모양을 본떠 "어금니"의 뜻으로 쓴 자 |

총 4획 쓰는순서 : 一 二 牙 牙

| 어금니 아 |
| 牙 |

| 어금니 아 |
| 牙 |

3급 II 배정한자 부수

豸	뜻	소리		등이 긴 짐승이 먹이를 덮치려고 등을 웅크리고 있는 모습을 본뜬 자로 "해태"라는 신수를 가리킨 자
	해태	치		

총 7 획   쓰는순서 : 丶丶丶ノ 犭 豸 豸 豸

해태 치								
豸								

해태 치								
豸								

鬲	뜻	소리		다리가 셋 달린 쇠로 만든 "다리굽은솥"의 모양을 본뜬 자
	다리굽은솥	격		

총 10 획   쓰는순서 : 一 厂 厂 丂 鬲 鬲 鬲

다리굽은솥 격								
鬲								

다리굽은솥 격								
鬲								

3급Ⅱ 배정한자

새 을	부수 : 乙　　총 1 획　　필순 : 乙
乙	봄에 초목이 '굽어서' 나옴을 본뜬 자. 또는 '새'의 앞가슴이 '굽은'모양을 본뜬 자

乙方(을방) : 24방위의 하나
乙夜(을야) : 오후 10시. 이경(二更)
乙種(을종) : 사물의 제2류에 해당하는 종류

칼 도	부수 : 刀　　총 2 획　　필순 : 丁刀
刀	'칼'의 모양을 본뜬 자

軍刀(군도) : 군인이 차는 칼
短刀(단도) : 짧은 칼
食刀(식도) : 식칼

오랠 구	부수 : 丿　　총 3 획　　필순 : 丿ク久
久	앞 사람(人→ク)을 뒤 사람(人)이 잡고서 가니 가는 시간이 오래다(久)

永久(영구) : 길고 오램
長久(장구) : 길고 오램
持久(지구) : 오래도록 버티어 감

활 궁	부수 : 弓　　총 3 획　　필순 : 丁弓弓
弓	'활'의 모양을 본뜬 자

弓手(궁수) : 활을 쏘는 군사
弓術(궁술) : 활 쏘는 기술
洋弓(양궁) : 서양식의 활

무릇 범	부수 : 几　　총 3 획　　필순 : 丿几凡
凡	안석(几)밑에다 점(丶) 같은 작은 물체를 무릇(凡) 둘 수 있다

凡例(범례) : 일러두기
凡夫(범부) : 평범한 사람
大凡(대범) : 무릇

이미 이	부수 : 已　　총 3 획　　필순 : 丁コ已
已	한(一→丁)개 한(一)개 씩 새(乙→ㄴ) 앞가슴처럼 구부리는 일을 이미(已) 다 끝냈다

已往(이:왕) : 이전. 그전
不得已((부득이) : 마지못해. 하는 수 없이

3급II 배정한자

어른 장:	부수 : 一　　총 3 획　　필순 : 一ナ丈
丈	한(一)개의 지팡이로 또(又→㐅)한 몸을 지탱하고 다니는 사람이 어른(丈)이다

丈夫(장:부) : 성인 남자
丈人(장:인) : 아내의 친아버지
老丈(노:장) : 노인의 경칭

낄 개:	부수 : 人　　총 4 획　　필순 : ノ人八介
介	사람(人)이 뚫을(丨)수 있는 물체를 뚫어(丨)서로 잇기 위해 실을 끼다(介)

介入(개:입) : 사이에 끼어 듦
介在(개:재) : 사이에 끼어 있음

미칠 급	부수 : 又　　총 4 획　　필순 : ノ乃乃及
及	사람(人→㇉)이 또(又) 한 개의 물체를 잡거나 가지기 위해 손이 미치다(及)

及落(급락) : 합격과 불합격
及第(급제) : 과거에 합격함
言及(언급) : 하는 말이 그곳까지 미침

붉을 단	부수 : 丶　　총 4 획　　필순 : ノ 刀 月 丹
丹	멀(冂)리서 불똥(丶) 한(一)개가 반짝이니 불빛이 붉다(丹)

丹心(단심) : 진정에서 우러나는 정성 된 마음
丹田(단전) : 배꼽에서 아래로 한 치 쯤 되는 곳
丹靑(단청) : 붉은 색과 푸른 색

말 물	부수 : 勹　　총 4 획　　필순 : ノ 勹 勿 勿
勿	천으로 싸(勹)놓은 겉모양이 삐칠(丿丿)듯 주름지게 하지 마라(勿)

勿驚(물경) : 놀라지 말라
勿論(물론) : 더 말할 나위 없음
勿藥自效(물약자효) : 약을 쓰지 않아도 저절로 나음

북방 임:	부수 : 士　　총4 획　　필순 : ノ 二 千 壬
壬	삐칠(丿)듯 기울어져 가는 나라와 침략을 일삼는 나라를 선비(士)인 사나이들이 지키는 곳이 북방(壬)이다

壬方(임:방) : 24방위에 하나

3급 II 배정한자

우물 정	부수 : 二 총 4획 필순 : 一 二 丯 井
井	가로로 두(二)개 세로로 두(||)개의 막대기를 서로 묶어 덮어놓은 곳이 우물(井)이다

井中觀天(정중관천) : 좁은 견문이나 좁은 소견으로 세상을 봄을 이름
油井(유정) : 천연석유를 채취하기 위해 땅 속으로 판 우물
天井(천정) : 반자의 겉면

갈 지	부수 : ノ 총 4획 필순 : ' 亠 ㇇ 之
之	풀싹이 머리부분(亠)쪽으로 삐칠(ノ)듯 파임(乀)처럼 자라 가다(之)

之東之西(지동지서) : 갈팡질팡함을 이르는 말
易地思之(역지사지) : 처지를 바꾸어서 생각함

자 척	부수 : 尸 총 4획 필순 : 一 コ 尸 尺
尺	주검(尸)이 오기 전에 몸에서 새(乙→乀)모양처럼 구부릴 수 있는 손목에서 팔꿈치 까지를 한 자(尺)로 나타낸 자

尺度(척도) : 물건을 재는 자
尺量(척량) : 물건을 자로 잼
曲尺(곡척) : 곱자

조각 편	부수 : 片 총 4획 필순 : ノ 丿 ⺁ 片
片	나무토막을 쪼갠 오른쪽 모양을 본떠 '조각'을 나타낸 자

片月(편:월) : 조각 달
片紙(편:지) : 종이조각. 서신
破片(파:편) : 깨어진 조각

새길 간	부수 : 刀 총 5획 필순 : 一 二 千 刋 刊
刊	방패(干)처럼 평평한데다 칼(刀→刂)로 글자나 무늬를 새기다(刊)

刊刻(간각) : 글자를 새김
刊行(간행) : 책 따위를 인쇄하여 세상에 널리 펴냄
發刊(발간) : 출판물을 간행함

공교할 교	부수 : 工 총 5획 필순 : 一 丅 工 丂 巧
巧	장인(工)이 한(一)개의 물건을 갈고리(亅→丁)처럼 구부려 만드니 교묘하고 공교하다(巧)

巧妙(교:묘) : 썩 잘 되고 묘함
巧言(교:언) : 실상이 없이 교묘하게 꾸며대는 말
技巧(기교) : 솜씨가 아주 묘함

3급 II 배정한자

종 노	부수 : 女　　총 5 획　　필순 : ㄑ ㄑ 女 奴 奴
奴	계집(女)이 이일 저일 하고 또(又)하니 종(奴)이다

官奴(관노) : 관가의 사내종
農奴(농노) : 봉건사회에 있어 봉건영주에게 종처럼 매인 농군

아침 단	부수 : 日　　총 5 획　　필순 : 丨 冂 冃 日 旦
旦	해(日)가 한(一)개의 모습을 처음으로 나타나기 시작하니 아침(旦)이다

元旦(원단) : 설날아침

남녘 병:	부수 : 一　　총 5 획　　필순 : 一 丆 丙 丙 丙
丙	한(一)곳 방 안(內)에 들어가니 남녘(丙)같이 따뜻하다

丙科(병:과) : 과거성적에 의한 등급의 하나
丙方(병:방) : 24방위의 하나
丙種(병:종) : 등급을 갑종, 을종, 병종으로 나눌 때의 그 셋째

부칠 부	부수 : 人　　총 5 획　　필순 : 丿 亻 仁 付 付
付	사람(人→亻)이 마디(寸)처럼 작은 정성으로 남에게 물건이나 돈을 부치다(付)

交付(교부) : 내어 줌
給付(급부) : 재물을 지급, 교부함

맡을 사	부수 : 口　　총 5 획　　필순 : 丁 ㄱ 키 司 司
司	갈고리(亅 → ㄱ) 한(一)개를 가지고 할 일을 입(口)으로 말하며 맡다(司)

司令(사령) : 군대나 함대를 지휘, 감독하는 일
司命(사명) : 생살권을 가지는 사람
司法(사법) : 사법권의 약칭

가운데 앙	부수 : 大　　총 5 획　　필순 : 丨 冂 冂 央 央
央	멀(冂)리서도 큰(大)모양이 잘 보이게 하려면 한 가운데(央)쌓아 놓다

中央(중앙) : 사방의 중심이 되는 곳

3급 II 배정한자

어릴 유	부수 : 幺　　총 5 획　　필순 : ⸌ 幺 幺 幻 幼
幼	키가 작을(幺)때 힘(力)을 쓰니 나이가 어리다(幼)

幼年(유년) : 나이가 어림
幼兒(유아) : 어린아이
長幼(장유) : 어른과 아이

가죽 피	부수 : 皮　　총 5 획　　필순 :) 厂 广 皮 皮
皮	삐칠(丿)듯 열(十)곳 이외 또(又) 칼로 베어 짐승의 가죽(皮)을 벗기다

皮革(피혁) : 날가죽과 다룬 가죽
毛皮(모피) : 털이 붙은 짐승의 가죽
木皮(목피) : 나무껍질

검을 현	부수 : 玄　　총 5 획　　필순 : ⸍ 亠 十 玄 玄
玄	머리부분(亠)높이 작을(幺)정도로 물체가 떠오르니 보이지 않아 검다(玄)

玄德(현덕) : 숨은 덕
玄妙(현묘) : 심오하고 미묘함
玄米(현미) : 겉겨만 벗기고 쓿지 않음

꾀할 기:	부수 : 人　　총 6 획　　필순 : ノ 人 亽 企 企 企
企	사람(人)이 하는 일을 그치(止)게 하고 다른 일을 꾀하다(企)

企圖(기도) : 꾀함
企業(기업) : 사업을 하려고 꾀함

관리 리:	부수 : 口　　총 6 획　　필순 : 一 丆 亓 后 吏 吏
吏	한(一)곳에다 사기(史)를 기록하는 사람이 관리(吏)다

吏頭(이:두) : 삼국시대부터 한자의 음과 뜻을 빌어 우리말을 표기하는 데에 쓰던 문자
官吏(관리) : 관직에 있는 사람

망령할 망:	부수 : 女　　총 6 획　　필순 : ⸍ 亠 亡 亡 妄 妄
妄	망할(亡)정도로 계집(女)이 신분을 잃으니 망령하다(妄)

妄動(망:동) : 함부로 움직임
妄發(망:발) : 함부로 말함
妄言(망:언) : 사리에 맞지 않는 말을 함

3급 II 배정한자

왕비 비	부수 : 女 　　 총 6 획 　　 필순 : ㄴ ㄥ 女 好 妃 妃
妃	계집(女)으로써 자기 몸(己)이 나라에서 최고라고 하니 왕비(妃)다

王妃(왕비) : 임금의 아내

열흘 순	부수 : 日 　　 총 6 획 　　 필순 : ′ ㄱ 勹 旬 旬 旬
旬	입의로 싸(勹) 놓은 날(日)이 열흘(旬)임을 나타낸 자

上旬(상:순) : 초하루에서 초열흘까지의 사이
中旬(중순) : 한 달의 11일부터 20일까지의 10일간
下旬(하:순) : 그 달 21일부터 그믐날까지의 동안

우러를 앙:	부수 : 人 　　 총 6 획 　　 필순 : ′ 亻 亻 化 仰 仰
仰	사람(人→亻)과 사람(人→匕)이 병부(卩)를 지닌 벼슬아치를 우러르다(仰)

仰祝(앙:축) : 우러러 축원함
信仰(신:앙) : 신불 등 어떤 신성한 대상을 절대시하여 믿고 받드는 일
推仰(추앙) : 높이 받들어 사모함

또 역	부수 : 亠 　　 총 6 획 　　 필순 : ′ 亠 ナ 市 亦 亦
亦	하나를 머리부분(亠)에서부터 칼(刀→刂)로 여덟(八)개로 잘라도 남는 것이 또(亦)있다

亦是(역시) : 마찬가지로. 또한

집 우	부수 : 宀 　　 총 6 획 　　 필순 : ′ ′′ 宀 宁 宇 宇
宇	지붕(宀)을 만들고 어조사(于)처럼 벽을 만드니 집(宇)이다

억조 조	부수 : 儿 　　 총 6 획 　　 필순 : ノ ⺉ ⺉ 兆 兆 兆
兆	어진사람(儿)마음이 점(冫冫)처럼 사방으로 퍼져나갈 수 없으니 억조(兆)다

吉兆(길조) : 좋은 일이 있을 조짐
億兆(억조) : 억과 조. 썩 많은 수

3급Ⅱ 배정한자

못 지	부수 : 水　　총 6 획　　필순 : 丶丶氵氵池池
池	물(水→氵)을 갈고리(亅→㇇)로 흙을 파내고 구멍 뚫어(丨)고이게 하고 새(乙→乚)인 오리가 노니 못(池)이다

電池(전:지) : 화학적인 반응에 의해 전류를 일으키는 장치
天池(천지) : 백두산 정상에 있는 큰 못

이 차	부수 : 止　　총 6 획　　필순 : 丨丨卜止此此
此	걸음을 그치(止)고 비수(匕)처럼 날카롭게 이(此)거라고 가리키다

此後(차후) : 이 다음. 이 뒤
如此(여차) : 이러함. 이와 같음

간 간:	부수 : 肉(月)　총 7 획　필순 : 丿刀月月肝肝肝
肝	몸(肉→月)속에서 방패(干)구실을 해 주는 것이 간(肝)이다

肝腸(간장) : 간과 창자. 마음

골 곡	부수 : 谷　　총 7 획　　필순 : 丶丶丷父父谷谷
谷	여덟(八)처럼 나누어진 것이 사람(人)의 입(口)모양처럼 생겼으니 골(谷)졌다

谷風(곡풍) : 골짜기에 부는 바람
深谷(심곡) : 깊은 골짜기

이길 극	부수 : 儿　　총 7 획　　필순 : 一十十古古声克
克	열(十)가지에 힘든 일도 형(兄)이라는 사람은 참고 이기다(克)

克己(극기) : 자기의 욕망, 충동, 감정 따위를 자기 의지로써 이겨냄
克服(극복) : 곤란을 이겨 냄
克治(극치) : 사욕을 이겨내어 잘못된 생각을 없앰

다만 단	부수 : 人　　총 7 획　　필순 : 丿亻亻但但但但
但	사람(人→亻)은 누구나 아침(旦)이면 다만(但)일어나다

但書(단:서) : 법률조문, 영수증 등에 많이 쓰임

3급 II 배정한자

희롱할 롱:	부수: 廾　　총 7 획　　필순: 一 T F Ŧ 王 手 弄
弄	구슬(玉→王)을 팔짱끼(廾)듯 두 손으로 가지고 놀며 희롱하다(弄)

弄巧(농:교) : 지나치게 기교를 부림
弄具(농:구) : 장난감
弄談(농:담) : 농으로 하는 말. 실없는 말

빠질 몰:	부수: 水　　총 7 획　　필순: ` ` 氵 氵 沙 汐 沒
沒	물(水→氵)에 싸(勹)였으니 또(又) 물 속에 빠지다(沒)

沒覺(몰각) : 지각이 없음
沒頭(몰두) : 일에 열중 함
沒落(몰락) : 멸망함

맏 백	부수: 人　　총 7 획　　필순: ノ 亻 亻 亻 伯 伯 伯
伯	사람(人→亻) 가운데 흰(白)머리가 많은 분이 맏(伯)이다

伯母(백모) : 큰어머니
伯父(백부) : 큰아버지
畵伯(화백) : '화가'의 경칭

도울 부	부수: 手(扌)　　총 7 획　　필순: 一 寸 扌 扌 抂 扶 扶
扶	아내가 손(手→扌)으로 지아비(夫)가 하는 일을 옆에서 도우다(扶)

扶養(부양) : 도와서 기름
扶助(부조) : 남을 도와 줌
相扶(상부) : 서로 부축함

모래 사	부수: 水　　총 7 획　　필순: ` ` 氵 氵 氵 沙 沙
沙	물(水→氵)의 양이 적을(少)때 물가에 드러나는 것이 모래(沙)다

沙工(사공) : 배를 젓는 사람. 뱃사공
沙土(사토) : 모래와 흙
白沙(백사) : 흰모래

간사할 사	부수: 邑(阝)　　총 7 획　　필순: 一 Γ 于 牙 牙 邪 邪
邪	어금니(牙)를 들어내고 고을(邑→阝)을 위해 힘써 일하겠다고 말로만 하니 간사하다(邪)

邪敎(사교) : 올바르지 못한 가르침
邪氣(사기) : 사악한 기운
邪心(사심) : 간사한 마음

3급Ⅱ 배정한자

돌 순	부수: 巛　　총 7 획　　필순: 〝 巛 巛 巡 巡
巡	내(巛)물이 흐르듯 사람이 쉬엄쉬엄가(辶)며 주위를 돌(巡)다

巡警(순경) : 돌아다니며 경계함
巡訪(순방) : 차례로 방문함
巡察(순찰) : 순행하며 안찰 함

나 아:	부수: 戈　　총 7 획　　필순: 〝 二 〒 ヲ 我 我 我
我	손(手)에 창(戈)을 들고 있으니 나(我)다

我國(아:국) : 우리나라
我田引水(아:전인수) : 자기에게 이로운 대로만 말하거나 행함을 이름
無我(무아) : 자기를 잊음

누를 억	부수: 手　　총 7 획　　필순: 〝 十 扌 扌 扌 抑 抑
抑	손(手→扌)에 사람(人→亻)이 병부(卩)를 지니고 상대를 누르다(抑)

抑留(억류) : 억지로 머무르게 함
抑壓(억압) : 억지로 누름
抑制(억제) : 억눌러서 제어함

부릴 역	부수: 彳　　총 7 획　　필순: 〝 ヲ 彳 彳 孑 役 役
役	자축거리(彳)듯 일하는 노예를 채찍으로 치(殳)며 부리다(役)

役軍(역군) : 일정한 부분에서 중요한 구실을 하는 일꾼
兵役(병역) : 국민의 의무로서 군적에 편입되어 군무에 종사하는 일
服役(복역) : 공역 또는 병역에 복무함

참을 인	부수: 心　　총 7 획　　필순: 〝 刀 刃 刃 忍 忍 忍
忍	칼(刀)끝으로 점(丶)찍 듯 말로 마음(心)을 찔러도 참다(忍)

忍苦(인고) : 고통을 참음
堅忍(견인) : 굳게 참아 견딤
不忍(불인) : 차마 할 수 없음

조정 정	부수: 廴　　총 7 획　　필순: 〝 二 千 壬 壬 廷 廷
廷	북방(壬)인 임금이 계신 곳으로 신하들을 끌(廴)어 드리니 조정(廷)이다

廷論(정론) : 조정의 논의
法廷(법정) : 송사의 심리를 하고 판결하는 곳
朝廷(조정) : 나라의 정치를 의논 집행하던 곳

3급 II 배정한자

| 앉을 좌: | 부수 : 土 | 총 7 획 | 필순 : 一 ㄨ ㄨ' ㄨㄨ ㄨㄨ 坐 坐 |

坐 사람(人)과 사람(人)이 흙(土)에 앉다(坐)

坐骨(좌:골) : 골반을 이루는 뼈
坐視(좌:시) : 앉아서 봄
坐不安席(좌:불안석) : 마음이 몹시 불안, 초조한 모양을 이름

| 별 진 | 부수 : 辰 | 총 7 획 | 필순 : 一 厂 厂 厂 辰 辰 辰 |

辰 조개가 움직일 때가 하늘에 별이 떠 있을 때라 하여 '별'과 '때'를 나타낸 자

辰星(진성) : 수성의 이칭
辰時(진시) : 오전 7시에서 9시 사이
日辰(일진) : 날의 육십갑자

| 닮을 초 | 부수 : 肉(月) | 총 7 획 | 필순 : ㅣ ㅣ丶 ㅣ丶ˊ 丬 丬 肖 肖 |

肖 몸이 작을(小)때부터 부모의 몸(肉→月)모습을 닮다(肖)

不肖(불초) : 못나고 어리석음

| 불 취: | 부수 : 口 | 총 7 획 | 필순 : 丨 口 口 口ˊ 吖 吹 吹 |

吹 입(口)을 하품(欠)하듯 벌리고 바람을 불다(吹)

吹毛(취:모) : 털을 분다는 뜻으로 극히 쉬운 일을 비유
吹入(취:입) : 공기를 불어 넣음. 레코오드에 소리를 불어 넣음

| 잠길 침(:) | 부수 : 水 | 총 7 획 | 필순 : ㆍ ㆍ ㆍ氵 氵 氵ˊ 沙 沈 |

沈 물(水→氵)에 덮을(宀)때까지 어진사람(儿)이 들어가니 발이 잠기다(沈)

沈沒(침몰) : 물에 빠져 가라앉음
沈水(침수) : 물에 잠김
沈痛(침통) : 깊이 걱정함

| 어찌 하 | 부수 : 人(亻) | 총 7 획 | 필순 : 丿 亻 亻ˊ 亻ˊ 何 何 何 |

何 사람(人→亻)의 마음과 행동이 옳을(可)수 있는지 어찌(何) 알겠는가?

何等(하등) : 아무런. 아무
何事(하사) : 무슨 일
何必(하필) : 어찌 반드시

3급 II 배정한자

머금을 함	부수 : 口　　　총 7 획　　　필순 : ノ 人 ㅅ 今 今 숮 含
含	이제(今) 막 음식물을 입(口)에 머금다

含量(함량) : 들어 있는 분량
含有(함유) : 물질이 어떤 성분을 포함하고 있음
包含(포함) : 속에 들어 있음

아름다울 가	부수 : 人　　　총 8 획　　　필순 : ノ 亻 亻 亻 仹 佳 佳 佳
佳	사람(人→亻)이 흙(土)과 흙(土)으로 빚어 놓은 물건이 아름답다(佳)

佳約(가약) : 가인과 만날 약속
佳人(가인) : 아름다운 여자
佳作(가작) : 당선작으로 인정하기는 어려우나 잘된 작품

시어미 고	부수 : 女　　　총 8 획　　　필순 : 乚 𠃍 女 女 女 姑 姑 姑
姑	계집(女)은 예(古)부터 아들을 결혼 시키면 시어미(姑)가 되다

姑母(고모) : 아버지의 누이나 여동생
姑婦(고부) : 시어머니와 며느리
姑息之計(고식지계) : 임시 모면을 위한 계책

이바지할 공:	부수 : 人　　　총 8 획　　　필순 : ノ 亻 亻 亻 仹 仹 供 供
供	사람(人→亻)이 한가지(共) 일에 이바지하다(供)

供給(공:급) : 수요에 의하여 물품을 대어 줌
供物(공:물) : 심불 앞에 바치는 물건
供養(공:양) : 음식시중을 들며 어버이를 봉양함

괴이할 괴:	부수 : 心(忄)　　　총 8 획　　　필순 : ㇐ ㇑ 忄 忄 怐 怪 怪 怪
怪	마음(心→忄)속에 생각을 또(又)한 흙(土)으로 만드니 괴이하다(怪)

怪奇(괴:기) : 괴상하고 기이함
怪力(괴:력) : 기이할 정도로 센 힘
怪漢(괴:한) : 차림새나 행동이 괴상한 자

잡을 구	부수 : 手(扌)　　　총 8 획　　　필순 : 一 ㇑ ㇏ 扌 扐 拘 拘 拘
拘	손(手→扌)으로 글귀(句)를 쓰기 위해 연필을 잡다(拘)

拘禁(구금) : 잡아서 가두어 둠
拘留(구류) : 잡아서 가두어 둠
拘束(구속) : 잡아 묶음

3급II 배정한자

그 기	부수 : 八 총 8 획 필순 : 一 十 卄 廿 甘 其 其 其
其	곡식을 깨끗하게 키(箕→其)로 여덟(八)번 씩이나 까불러 놓은 그(其)것

其實(기실) : 그 실상. 실제의 형편
其人(기인) : 그 사람

맏 맹:	부수 : 子 총 8 획 필순 : 丂 了 子 子 굷 孟 孟 孟
孟	아들(子)을 그릇(皿) 다르듯 기르니 맏(孟)이다

孟冬(맹:동) : 음력 10월의 별칭
孟母(맹:모) : 맹자의 어머니
孟子(맹:자) : 유가에서 공자에 버금가는 성인

소경 맹	부수 : 目 총 8 획 필순 : 丶 亠 亡 芒 肓 盲 盲 盲
盲	망한(亡) 눈(目)을 가진 사람이 소경(盲)이다

盲信(맹신) : 옳고 그름을 가리지 않고 믿음
盲人(맹인) : 눈이 먼 사람
盲從(맹종) : 맹목적으로 따름

붙을 부:	부수 : 阜(阝) 총 8 획 필순 : 丿 孑 阝 阝' 阝付 附 附 附
附	언덕(阜→阝)처럼 막힌 벽에 종이를 부치(付)니 붙다(附)

附加(부:가) : 덧붙임
附近(부:근) : 가까운 거리
附錄(부:록) : 주된 문서에 딸린 기록

낮을 비:	부수 : 十 총 8 획 필순 : 丶 亻 宀 甶 白 由 臾 卑
卑	귀신머리(由→甶)처럼 허름한 차림의 열(十)사람 모두가 신분이 낮다(卑) ※ 甶 : 귀신머리 불

卑屈(비:굴) : 사람이 줏대가 없고 하는 것이 천함
卑俗(비:속) : 낮고 속됨
尊卑(존비) : 신분이나 지위의 높고 낮음

살찔 비:	부수 : 肉(月) 총 8 획 필순 : 丿 刀 月 月 尸 阝 肥 肥
肥	몸(肉→月)이 뱀(巴)처럼 웅크리고 있는 모습이니 살찌다(肥)

肥大(비:대) : 살찌고 몸집이 큼
肥料(비:료) : 식물의 생장을 촉진하는 영양물질
天高馬肥(천고마:비) : 가을의 계절을 일컫는 말

3급 II 배정한자

제사 사	부수 : 示	총 8 획	필순 : 一二 亍 亓 示 示 祀 祀
祀	보일(示)수 있게 음식을 차리고 몸을 뱀(巳)처럼 구부렸다 폈다 하며 조상님께 제사(祀)지내다		

祭祀(제:사) : 신령에게 정성을 드려 하는 의식

오히려 상:	부수 : 小	총 8 획	필순 : 丨 亅 小 冖 冋 冋 尙 尙
尙	작을(小)정도로 멀(冂)리서 들려오는 입(口)으로 하는 소리가 오히려(尙) 듣기가 어렵다		

尙古(상:고) : 옛적의 문물을 숭상함
尙武(상:무) : 무용을 숭상함
崇尙(숭상) : 높이어 소중하게 여김

인쇄할 쇄:	부수 : 刀(刂)	총 8 획	필순 : 一 ㄱ ㄹ ㅈ 尸 吊 刷 刷
刷	주검(尸)이 있는 나무 조각에 수건(巾)인 천으로 잘 닦고 칼(刀→刂)로 글자를 새겨 인쇄하다(刷)		

刷新(쇄:신) : 묵은 것의 좋지 않은 데를 버려 면목을 새롭게 함
印刷(인쇄) : 글이나 그림을 종이, 천 따위에 박아내는 일

오를 승	부수 : 日	총 8 획	필순 : 丨 冂 冂 日 日 尸 昇 昇
昇	해(日)가 되(升)로 곡식을 퍼 올리듯 솟아 오르다(昇)		

昇級(승급) : 등급을 올림
昇給(승급) : 봉급이 오름
昇進(승진) : 벼슬이나 지위가 오름

모실 시:	부수 : 人(亻)	총 8 획	필순 : 丿 亻 亻 亻 伂 侍 侍 侍
侍	사람(人→亻)이 절(寺)에서 예의를 갖추어 부처님을 모시다(侍)		

侍女(시:녀) : 옆에서 시중드는 계집
侍從(시:종) : 임금을 가까이 모심
內侍(내:시) : 옛날 불알이 없는 사람을 쓰던 내시부

버금 아:	부수 : 二	총 8 획	필순 : 一 厂 兀 㔾 冊 冊 亞 亞
亞	한(一)쪽은 앞으로 나오(⼅)고, 뒤로 나온(⼄) 한(一)쪽이 또 있으니 정상보다 버금(亞)이다		

亞細亞(아세아) : 아시아의 음역
亞鉛(아연) : 딱딱하고 부서지기 쉬운 청백색의 광택을 띤 금속
亞熱帶(아열대) : 열대와 온대와의 중간지대

3급 II 배정한자

언덕 아	부수: 阜(阝) 총 8 획 필순: ' ˀ 阝 阝ˇ 阿 阿 阿
阿	언덕(阜→阝)을 옳게(可) 오르려면 정상적인 언덕(阿)으로 오르다

阿女(아녀) : 딸
阿附(아부) : 아첨하고 좇음
阿片(아편) : 익지 아니한 양귀비 열매의 진액을 말린 것

언덕 안:	부수 : 山 총 8 획 필순: ' 屮 屮 屵 岸 岸 岸
岸	산(山) 언덕(厂)모양이 방패(干)를 세운 것처럼 생겼으니 깎아지른 언덕(岸)이다

岸曲(안:곡) : 물가의 깊이 굽어진 곳. 후미
岸壁(안:벽) : 벽과 같이 깎아지른 듯 한 물가의 언덕
海岸(해:안) : 바닷가의 언덕

물따라갈 연:	부수 : 水(氵) 총 8 획 필순: ' ˋ 氵 汈 汈 沿 沿 沿
沿	물(水→氵)이 여덟(八)글자처럼 움푹 파인 입(口)모양 같이 생긴 계곡으로 물따라가(沿)듯 흐르다

沿岸(연안) : 강물이나 바닷가를 따라서 인접하여 있는 일대의 지방
沿海(연해) : 바닷가에 있는 일대의 지방
沿革(연:혁) : 변천이 되어온 내력

막을 저:	부수 : 手 총 8 획 필순: ' † 扌 扌 扌 扌 抵 抵
抵	손(手→扌)으로 성씨(氏)를 가진 사람이 한(一)번의 잘못도 하지 않도록 미리 막다(抵)

抵當(저:당) : 부동산이나 동산을 담보로 잡히고 돈을 꿈
抵抗(저:항) : 대항함. 반항함
大抵(대:저) : 대체로 보아서

칠 정	부수: 彳 총 8 획 필순: ' ㇒ 彳 彳 ㇒ 行 征 征
征	자축거릴(彳)듯 행실이 나쁜 사람을 바르(正)게 고치기 위해 나무 회초리로 치다(征)

征伐(정벌) : 군대를 파견하여 죄 있는 자를 침
征服(정복) : 토벌하여 항복시킴
遠征(원정) : 먼 곳으로 치러 감

집 주:	부수 : 宀 총 8 획 필순: ' ˋ 宀 宀 宁 宙 宙 宙
宙	지붕(宀)을 말미암을(由) 수 있으니 집(宙)이다

宇宙(우주) : 천지 사방과 고금

3급II 배정한자

창성할 창:	부수 : 日　　총 8 획　　필순 : 丨冂冂日日旦昌昌
昌	해(日)별이 사방으로 퍼지듯 가로(曰)하는 소리가 창성하다(昌)

昌盛(창성) : 번창함
昌世(창세) : 잘 다스려 번영하는 세상
昌言(창언) : 옳은 말

아내 처:	부수 : 女　　총 8 획　　필순 : 一一二亖丰妻妻妻
妻	집 한(一)곳에서 손(⺕→彐)으로 물건을 뚫을(丨)정도로 많은 일을 하는 계집(女)이 아내(妻)다

妻家(처가) : 아내의 본가
妻弟(처제) : 아내의 여동생
妻族(처족) : 아내의 겨레붙이

넓힐 척:	부수 : 手　　총 8 획　　필순 : 一亅扌扩扩拓拓
拓	손(手→扌)으로 흙(土)에 있는 돌(石)을 주어 내어 밭을 넓히다(拓)

拓地(척지) : 토지를 개척함
開拓(개척) : 거친 땅을 개간하여 경지를 만듦
拓本(탁본) : 금석에 새긴 글씨나 그림을 종이를 대고 박아냄

토끼 토:	부수 : 儿　　총 8 획　　필순 : 丨丿刀刀免免免兔
兔	머리(⺈), 몸통(囗), 다리(儿), 꼬리(丶)의 토끼(兔) 모양을 본뜬 자

兔月(토월) : 달의 별칭

판목 판:	부수 : 片　　총 8 획　　필순 : 丿丨丨片片片版版
版	조각(片) 내놓은 나무가 본래 나무로 돌아올(反)수 없으니 판목(版)이다

版木(판목) : 인쇄하기 위하여 글자나 그림을 새긴 나무
版稅(판세) : 저자의 인쇄
銅版(동판) : 인쇄판의 한 가지

허파 폐:	부수 : 肉(月)　　총 8 획　　필순 : 丨冂月月⺼肮肺肺
肺	몸(肉→月)안에 한(一)개씩 수건(巾)같이 생긴 두 개가 허파(肺)다

肺結核(폐결핵) : 결핵균의 침입으로 일어나는 폐렴
肺熱(폐열) : 폐의 열기
肺腸(폐장) : 폐와 창자

3급II 배정한자

| 저 피 | 부수: 彳 | 총 8획 | 필순: ノ ノ 彳 彴 彷 彷 彼 彼 |

彼
자축거리(彳)듯 벗겨 놓은 가죽(皮)은 저(彼)쪽으로 놓다

彼我(피아) : 그와 나
彼此(피차) : 저것과 이것
此日彼日(차일피일) : 오늘 내일 하며 기한을 물림

| 범 호 | 부수: 虍 | 총 8획 | 필순: ノ ト ト 产 严 卢 虎 虎 |

虎
호피무늬(虍)가 어진사람(儿)처럼 어슬렁어슬렁 움직이니 범(虎)이다

虎骨(호:골) : 범의 뼈
虎班(호:반) : 무관의 반열
虎皮(호:피) : 범의 가죽

| 갑자기 홀 | 부수: 心 | 총 8획 | 필순: ノ ク 勺 勿 勿 忽 忽 忽 |

忽
하지 말(勿)것을 마음(心)속에서 갑자기(忽) 떠올랐다

忽視(홀시) : 눈여겨보지 않고 슬쩍 보아 넘김
忽然(홀연) : 느닷없이. 갑자기
忽忽(홀홀) : 사물을 돌아보지 아니하는 모양

| 맺을 계 | 부수: 大 | 총 9획 | 필순: 一 = ヨ 丰 却 却 契 契 契 |

契
세(三)개를 뚫어(丨) 칼(刀)로 다듬어 크(大)게 이어 맺다(契)

契約(계:약) : 일방이 이를 신청하고 상대방이 이를 승낙함으로서 성립함
契約書(계:약서) : 계약된 서류
契印(계:인) : 두 장의 지면에 걸친 날인

| 갓 관 | 부수: 冖 | 총 9획 | 필순: 丶 冖 冖 テ 元 冠 冠 冠 冠 |

冠
머리를 덮을(冖)수 있어 으뜸(元)이 되도록 마디(寸)지어 만든 것이 갓(冠)이다

冠帶(관대) : 갓과 띠
弱冠(약관) : 남자가 20살이 된 때
王冠(왕관) : 임금의 머리에 쓰는 관

| 빌 기 | 부수: 示 | 총 9획 | 필순: 一 二 亍 亓 示 亓 祈 祈 祈 |

祈
보이(示)지 않는 신 앞에서 두 손을 도끼 날(斤)모양을 하고 복을 빌다(祈)

祈雨祭(기우제) : 비가 오기를 비는 제사
祈願(기원) : 소원을 빎

3급Ⅱ 배정한자

견딜 내:	부수 : 而 총 9 획 필순 : 一 ㄱ ㄤ 万 而 而 耐 耐
耐	말이을(而)듯 끊어질 듯 하며 마디(寸)에 고통이 와도 참고 견디다(耐)

耐久(내:구) : 오래 견딤
耐寒(내:한) : 추위를 견딤
忍耐(인내) : 참고 견딤

갑자기 돌	부수 : 穴 총 9 획 필순 : 丶 丷 宀 灾 灾 空 突 突
突	구멍(穴)으로 가두어 놓은 개(犬)가 갑자기(突) 달아나다

突擊(돌격) : 돌진하여 공격함
突起(돌기) : 우뚝 솟음
突變(돌변) : 갑자기 변함

무성할 무:	부수 : 艸(++) 총 9 획 필순 : 一 ㅗ ㅕ 广 芦 芊 茂 茂
茂	풀(艸→++)이 삐칠(丿)듯 창(戈)을 세워 놓은 것처럼 자라 무성하다(茂)

茂林(무:림) : 나무가 무성한 수풀
茂盛(무:성) : 나무가 잘 자람
茂才(무:재) : 재주가 뛰어남

핍박할 박	부수 : 辵(辶) 총 9 획 필순 : 丶 亻 冂 白 白 白 迫 迫
迫	흰(白)빛으로 얼굴색이 쉬엄쉬엄가(辵→辶)듯 서서히 변하니 남이 핍박하다(迫)

迫急(박급) : 절박함
迫頭(박두) : 가까이 닥쳐옴
壓迫(압박) : 세력으로 누르고 구박함

봉할 봉	부수 : 寸 총 9 획 필순 : 一 十 土 土 丰 圭 圭 封 封
封	흙(土)과 흙(土)으로 마디(寸)처럼 끊어진 곳을 봉하다(封)

封建(봉건) : 봉토를 나누어 주고 제후를 세우던 일
封送(봉송) : 물건을 싸서 보냄
封印(봉인) : 봉한 자리에 인장을 찍음

달릴 분	부수 : 大 총 9 획 필순 : 一 ナ 大 本 本 杢 枩 弃 奔
奔	큰(大)소리를 지르며 열(十)사람씩 열(十)사람씩 열(十)사람씩 대열을 갖추고 달리다(奔)

奔忙(분망) : 매우 부산하여 바쁨
奔放(분방) : 절제 없이 제멋대로 함
奔走(분주) : 애씀. 진력함

3급 II 배정한자

장수 수	부수 : 巾 총 9 획 필순 : ′ ſ ſ′ ſ′ ſ′ 自 自 帥 帥
帥	언덕(阜→𠂤)위에서 수건(巾)같은 깃발을 들은 병사를 지휘하니 장수(帥)다

元帥(원수) : 군인의 가장 높은 계급
將帥(장수) : 군사를 거느리는 우두머리

펼 술	부수 : 辵(辶) 총 9 획 필순 : 一 十 才 木 朮 朮 沭 述 述
述	삽주(朮)뿌리처럼 널리 퍼져 자라듯 쉬엄쉬엄가(辵→辶)며 말릴 것을 골고루 펴다(述) ※ 朮 : 삽주 출

述語(술어) : 설명어. 풀이 말
論述(논술) : 의견을 진술함
序述(서술) : 차례를 좇아 설명함

주울 습	부수 : 手 총 9 획 필순 : 一 十 扌 扌 扒 扒 拾 拾 拾
拾	* 손(手→扌)가락을 합하(合)여 바닥에 떨어진 물건을 주울(拾)수 있다 * 손(手→扌)을 합하(合)니 손가락이 열(拾)개다

拾得(습득) : 남이 잃은 물건을 주움
收拾(수습) : 흩어 진 물건을 주워 거둠

심할 심:	부수 : 甘 총 9 획 필순 : 一 十 卄 甘 其 其 甚 甚
甚	달(甘→其)콤한 음식 한(一)가지를 어진사람(儿) 한(一→乚)사람에게만 주니 너무 심하다(甚)

甚難(심:난) : 심히 어려움
甚惡(심:악) : 성정이나 하는 짓이 몹시 악함

슬플 애	부수 : 口 총 9 획 필순 : ′ 亠 亠 占 古 哀 亯 哀 哀
哀	머리부분(亠)에서 눈물과 콧물이 나며 입(口)을 옷(衣→𧘇)으로 가리고 서럽게 우니 슬프다(哀)

哀曲(애곡) : 슬픈 곡조
哀願(애원) : 슬픈 소리로 간절히 원함
哀痛(애통) : 몹시 슬퍼함

같을 약	부수 : 艸(艹) 총 9 획 필순 : ′ 艹 艹 艹 芢 若 若 若
若	풀(艸→艹)섶에서 뽑아 오른(右)쪽에 놓은 나물의 모양이 서로 같다(若)

若干(약간) : 얼마 되지 아니함
若是(약시) : 이와 같음

3급 II 배정한자

물들 염:	부수 : 木 총 9 획 필순 : 丶丶氵氵氿汱染染染
染	물(水→氵)속에 천을 넣고 아홉(九)번씩이나 나무(木)가지로 휘저으며 물들(染)이다

染工(염:공) : 염색하는 직공
染料(염:료) : 물감
染色(염:색) : 피륙 따위에 물을 들임

그윽할 유	부수 : 幺 총 9 획 필순 : 丨幺幺幺幽幽幽幽幽
幽	작고(幺) 작게(幺) 뫼(山)가 희미하게 보이니 그윽하다(幽)

幽谷(유곡) : 그윽하고 깊은 골짜기
幽深(유심) : 조용하고 깊숙함
幽幽(유유) : 깊숙한 모양

부드러울 유	부수 : 木 총 9 획 필순 : 丶フヌ予予矛柔柔柔
柔	창(矛)끝 모양처럼 나무(木)에 돋아 난 싹눈이 부드럽다(柔)

柔道(유도) : 온순의 도. 일본 무예의 한 가지
柔順(유순) : 온화하고 공순함
柔弱(유약) : 부드럽고 약함

정자 정	부수 : 亠 총 9 획 필순 : 丶一ㅗ亠古古高高亭
亭	높은(高→𩕩)데다 장정(丁)들이 시를 짓고 풍류를 즐기도록 지어 놓은 것이 정자(亭)다

亭子(정자) : 산수가 좋은 곳에 놀기 위하여 지은 집
亭亭(정정) : 우뚝 솟은 모양. 예쁜 모양

곧을 정	부수 : 貝 총 9 획 필순 : 丶一ㅏ卞卢肯貞貞貞
貞	점(卜)칠 때 돈이나 조개(貝)로 만든 재물을 놓으니 점괘가 바르고 곧다(貞)

貞潔(정결) : 절개가 곧고 결백함
貞淑(정숙) : 지조가 곧고 마음이 맑음
貞操(정조) : 부녀의 깨끗한 절개

기둥 주	부수 : 木 총 9 획 필순 : 一十才木柯柯柱柱柱
柱	집 지을 때 나무(木)가 주인(主) 역할을 하니 기둥(柱)이다

柱石(주석) : 기둥과 주추
電柱(전주) : 전봇대
支柱(지주) : 버티게 하는 기둥

3급 II 배정한자

물가 주	부수 : 水(氵) 총 9 획 필순 : ` ` ` ` ` ` ` ` `
洲	물(水→氵)이 고을(州) 주위를 싸고 있으니 물가(洲)다

滿洲(만주) : 중국 동북지방 일대를 이르는 말
沙洲(사주) : 모래로 된 작은 섬
五大洲(오대주) : 지구상에 있는 다섯 개의 대륙

곧 즉	부수 : 卩 총 9 획 필순 : ` ` ` ` ` ` ` ` `
卽	흰(白) 비수(匕)같은 날카로운 말로 병부(卩)를 찬 장수가 곧(卽)바로 병사들에게 호령한다

卽刻(즉각) : 곧 그 시각. 즉시
卽決(즉결) : 즉시 처결함
卽興(즉흥) : 즉석에서 일어나는 흥치

재촉할 촉	부수 : 人 총 9 획 필순 : ` ` ` ` ` ` ` ` `
促	사람(人→亻)에게 발(足)을 동동 구르며 일을 재촉하다(促)

促迫(촉박) : 가깝게 박두하여 몹시 급함
促成(촉성) : 재촉하여 빨리 이루어지게 함
促進(촉진) : 재촉하여 빨리 나아가게 함

위태할 태	부수 : 歹(歺) 총 9 획 필순 : ` ` ` ` ` ` ` ` `
殆	살발린뼈(歹)처럼 앙상하듯 사사(厶)롭게 입(口)으로 말하는 사람은 위태하다(殆)

困殆(곤태) : 곤란하고 위태로움
百戰不殆(백전불태) : 백 번 싸워도 위태하지 않음
危殆(위태) : 형세가 어렵다

항상 항	부수 : 心 총 9 획 필순 : ` ` ` ` ` ` ` ` `
恒	마음(心→忄)이 한(一)결 아침(旦)부터 저녁까지 항상(恒)같다

恒久(항구) : 변하지 아니하고 오래감
恒常(항상) : 일정하여 변함이 없는 일
恒時(항시) : 늘

되 호	부수 : 肉(月) 총 9 획 필순 : ` ` ` ` ` ` ` ` `
胡	예(古)날에 몸(肉→月)으로 나쁜 짓만 해온 사람들이 되[오랑캐](胡)다

胡瓜(호과) : 오이
胡國(호국) : 북쪽 오랑캐의 나라
胡亂(호란) : 호인들로 말미암아 일어난 병란

3급 II 배정한자

넓을 홍	부수: 水(氵) 총 9 획 필순: 丶丶氵氵沪洪洪洪
洪	물(水→氵)이 한가지(共)색을 띠고 한 곳에 고여 있는 모양이 넓다(洪)

洪水(홍수) : 장마로 벌창하는 큰 물
洪川(홍천) : 큰 하천
洪波(홍파) : 큰 물결

임금 황	부수: 白 총 9 획 필순: 丶丨冂冂白自皁皇皇
皇	흰(白) 구슬(玉 →王)같은 마음으로 백성을 다스리니 임금(皇)이다

皇家(황가) : 황실
皇都(황도) : 천자의 도읍
皇妃(황비) : 황후

굳셀 강	부수: 刀(刂) 총 10 획 필순: 丨冂冂冃門門岡岡剛剛
剛	그물(网→罓)을 끌어올리는 모양처럼 뫼(山)봉우리가 칼(刀→刂)날 모양처럼 보임이 굳세다(剛)

剛健(강건) : 셈. 굳셈
剛柔(강유) : 억셈과 연함
剛直(강직) : 마음이 굳세고 곧음

겸할 겸	부수: 八 총 9 획 필순: 丶丿彐彐彑彑兼兼兼
兼	여덟(八)개를 한(一)줄로 꿰기 위해 손(彐→彑)으로 구멍을 뚫고(丨)뚫어(丨) 또 여덟(八)개로 나누어지지 않게 하나로 매니 겸하다(兼)

兼務(겸무) : 두 가지 이상의 일을 겸함
兼備(겸비) : 아울러 가짐
兼愛(겸애) : 친근, 소원의 차별 없이 평등이 사랑함

밭갈 경	부수: 耒 총 10 획 필순: 一二三丰丰耒耒耒耕耕
耕	쟁기(耒)로 우물(井)모양을 만들며 밭갈(耕)다

耕夫(경부) : 농부
耕作(경작) : 땅을 갈아 농사를 지음
耕地(경지) : 경작지

울 곡	부수: 口 총 10 획 필순: 丨口口口吅吅吅哭哭哭
哭	입(口)과 입(口)으로 개(犬)들이 짖듯 죽은 사람 앞에서 슬프게 울다(哭)

哭聲(곡성) : 우는 소리
哀哭(애곡) : 슬퍼하며 흐느껴 움
痛哭(통곡) : 소리를 높이 하여 슬피 움

3급II 배정한자

공손할 공	부수 : 心　　총 10 획　　필순 : 一十キ共共共恭恭恭
恭	한가지(共) 착한 마음(心→小)으로 윗사람을 대하는 모습이 공손하다(恭)

恭儉(공검) : 공손하고 검소함
恭敬(공경) : 삼가서 예를 차려 높임
恭待(공대) : 공손하게 대접함

두려울 공	부수 : 心　　총 10 획　　필순 : 一丁工丑丑巩巩恐恐恐
恐	장인(工)이 무릇(凡)만드는 것이 잘 될까 잘못될까 마음(心)이 두렵다(恐)

恐妻家(공처가) : 아내에게 눌려서 지내는 남편
驚恐(경공) : 겁먹고 두려워 함

바칠 공:	부수 : 貝　　총 10 획　　필순 : 一T干干干青青青貢貢
貢	장인(工)이 조개(貝)로 만든 귀한 물건을 윗사람에게 바치다(貢)

貢納(공납) : 공물을 바침
貢物(공물) : 백성이 나라, 관청에 세금으로 바치던 물건
秋貢(추공) : 가을에 곡식을 거둬드려 바침

주먹 권:	부수 : 手　　총 9 획　　필순 : 丶丷丷丷半关拳拳拳
拳	여덟(八)개를 한(一)곳으로 모으듯 크(大)게 손(手)을 보이게 하니 주먹(拳)이다

拳法(권:법) : 주먹으로 서로 치는 기술
拳術(권:술) : 맨손으로 상대와 겨루는 기술
鐵拳(철권) : 쇠같이 굳센 주먹

귀신 귀:	부수 : 鬼　　총 10 획　　필순 : 丶丿冂甶由甶鬼鬼鬼
鬼	귀신머리(甶)를 하고 어진사람(儿)을 사사(厶)하게 하니 귀신(鬼)이다

鬼神(귀신) : 죽은 사람의 혼령
鬼氣(귀기) : 귀신이라도 나타날 듯한 음산한 분위기
鬼才(귀재) : 세상에 드물게 사문에 뛰어난 재주

계집 낭	부수 : 女　　총 10 획　　필순 : 乚乚女女'女'女'女'娘娘娘
娘	계집(女)중 어질(良)게 보이니 또한 계집(娘)이다

娘細胞(낭세포) : 세포 분열에 의해 생긴 두 개의 세포
娘子(낭자) : 남의 집 '처녀'를 점잖게 이르던 말
娘子軍(낭자군) : 여자들로 조직된 군대

3급II 배정한자

차 다 茶	부수: 艸(++) 총 10 획 필순: ` 一 卄 ++ 犬 丛 太 茶 茶
	풀(艸→++)잎을 따서 사람(人)이 그릇에 넣고 나무(木)를 때서 끓인 물을 마시니 차(茶)다

茶菓(다과): 차와 과일. 차와 과자
茶房(다방): 차를 달여 파는 업소
茶禮(차례): 음력 명절날 등에 드리는 제사

당나라 당 唐	부수: 口 총 10 획 필순: ` 一 广 户 户 庐 庐 唐 唐 唐
	고칠(庚→庐)것을 고쳐 놓고 입(口)으로 큰소리치니 황당하다(唐) 전의하여 "당나라"의 뜻으로 씀 ※ 庚: 고치다 경

唐突(당돌): 부딪침. 갑자기
唐詩(당시): 당대의 시
唐材(당재): 중국에서 나는 약재

물결 랑: 浪	부수: 水 총 10 획 필순: ` 冫 氵 氵 沪 沪 沪 浪 浪
	물(水→氵)이 어질(良)게 사람 얼굴처럼 보이니 잔잔한 물결(浪)이다

浪費(낭:비): 재물을 함부로 씀
浪說(낭:설): 터무니없는 소문
放浪(방:랑): 정처 없이 떠돌아다님

사내 랑 郞	부수: 邑(阝) 총 9 획 필순: ` 冫 ヨ 彐 自 郞 郞 郞
	어질(良)게 고을(邑→阝)편안하게 잘 다스리니 훌륭한 사내(郞)다

郞君(낭군): 젊은 남자의 존칭
新郞(신랑): 갓 결혼한 남자
花郞(화랑): 신라시대의 청소년의 민간수양 단체

서늘할 량 凉	부수: 冫 총 10 획 필순: ` 冫 氵 氵 广 卢 卢 凉 凉 凉
	어름(冫)같은 찬 바람이 서울(京)같이 크고 넓은 곳에서 불어오니 온몸이 서늘하다(凉)

納凉(납량): 여름에 더위를 피하여 서늘한 바람을 쐼
淸凉(청량): 맑고 서늘함
寒凉(한량): 원기가 없고 얼굴이 파리함

인륜 륜 倫	부수: 人 총 10 획 필순: ` 亻 亻 亼 亼 俗 俗 倫 倫 倫
	사람(人→亻)이 사람(人)을 한(一)곳으로 모아 놓고 책(冊→冊)가지고 인륜(倫)을 가르치다

倫理(윤리): 인륜도덕의 원리
五倫(오륜): 다섯 가지의 인륜
天倫(천륜): 부자, 형제 사이의 변하지 않는 떳떳한 도리

3급 II 배정한자

밤 률	부수 : 木　　총 10 획　　필순 : 一一一一一一一一一西西栗栗栗
栗	가시와 겉껍질과 속껍질로 세 번 싸여 덮여(兩→覀)있는 나무(木) 열매가 밤(栗)이다

栗烈(율렬) : 몸이 떨리는 대단한 추위
栗房(율방) : 밤송이
戰慄(전:율) : 두려워하여 떪

잘 면	부수 : 目　　총 10 획　　필순 : 丨冂冂月目目'目'目'眠眠
眠	밤에는 눈(目)을 감고 온 백성(民)들이 잠을 자다(眠)

眠食(면식) : 잠자는 일과 먹는 일
冬眠(동면) : 겨울잠
不眠(불면) : 잠을 못 잠

무늬 문	부수 : 糸　　총 10 획　　필순 : ' ㄥ ㄠ 幺 糸 糸 糽 紆 紋 紋
紋	천에다 실(糸)로 글월(文)처럼 수놓은 것이 무늬(紋)이다

紋樣(문양) : 무늬의 모양
紋織(문직) : 무늬를 넣어 짬
指紋(지문) : 손가락의 안쪽에 있는 물결 같은 금

일반 반	부수 : 舟　　총 10 획　　필순 : ' 丿 几 凢 舟 舟 舟 舟 舨 般
般	작은 배(舟)를 창(殳)같은 삿대로 저어 가는 것은 일반(般)이다

般若(반야) : 지혜의 뜻
今般(금반) : 이번
全般(전반) : 통틀어 모두

봉우리 봉	부수 : 山　　총 10 획　　필순 : ' 凵 山 山' 山' 峄 峄 峯 峯 峯
峯	뫼(山)를 뒤져오(夊)듯 서서히 오르니 두(二)개 열(十)개 이어져 보이는 것이 봉우리(峯)다

峯頭(봉두) : 산봉우리의 맨 꼭대기
峯勢(봉세) : 산봉우리의 형세
峯雲(봉운) : 산봉우리에 끼여 있는 구름

뜰 부	부수 : 水　　총 10 획　　필순 : ' ㆍ ㅊ ㅊ' ㅊ'' 泛 浮 浮 浮
浮	물(水→氵)에다 손톱(爫)으로 까지 않고 곡식의 아들(子)인 씨앗을 넣으니 속이 빈 것은 뜨다(浮)

浮動(부동) : 떠 움직임
浮生(부생) : 인생이 덧없음
浮遊(부유) : 건들건들 놀며 떠돌아다님

3급II 배정한자

어지러울 분	부수 : 糸　　총 10 획　　필순 : 丶 𠃌 𠃍 幺 乡 糸 糹 糽 紛 紛
紛	실(糸)을 이리저리 나누(分)어 놓은 것이 엉키니 정신이 어지럽다(紛)

紛亂(분란) : 엉클어져 어지러움
紛爭(분쟁) : 엉클어져 다툼
內紛(내:분) : 내부에서의 분쟁

찾을 색	부수 : 糸　　총 10 획　　필순 : 一 十 ナ 亠 古 古 审 索 索 索
索	열(十)겹이나 덮여(冖)있는 데서 실(糸)끝을 열심히 찾다(索)

索引(색인) : 찾아 냄
探索(탐색) : 실상을 더듬어 찾음

천천할 서:	부수 : 彳　　총 10 획　　필순 : 丿 丿 彳 彳 彳 伞 㣺 徐 徐 徐
徐	자축거리(彳)며 나(余)의 발걸음이 남보다 천천하다(徐)　　※ 余 : 나 여

徐羅伐(서라벌) : 신라의 처음 이름
徐行(서:행) : 천천히 감
徐徐(서:서) : 거동이 찬찬한 모양

용서할 서:	부수 : 心　　총 10 획　　필순 : 𠃌 乊 女 如 如 如 恕 恕 恕
恕	상대와 같은(如) 마음(心)을 가지며 상대를 용서하다(恕)

容恕(용서) : 관용을 베풀어 벌하지 않음
忠恕(충서) : 충실하고 인정 많음

쇠할 쇠	부수 : 衣　　총 10 획　　필순 : 丶 亠 广 亠 亠 亠 声 亭 亭 衰
衰	옷(衣)을 풀(艹→丑)로 만든 것이 쇠하다(衰)

衰弱(쇠약) : 쇠하여 약함
衰殘(쇠잔) : 쇠약할 대로 쇠약해 짐
盛衰(성:쇠) : 성함과 쇠퇴함

다를 수	부수 : 歹(歺)　총 10 획　　필순 : 一 丆 歹 歹 歹 歹 殊 殊 殊 殊
殊	살발린뼈(歺→歹)와 붉은(朱)피는 요리하는 것이 서로 다르다(殊)

特殊(특수) : 특별히 다름

3급II 배정한자

탈 승	부수 : 丿 총 10 획 필순 : 一二千千乒乒乖乖乘乘
乘	벼(禾)와 곡식을 북녘(北)왕궁으로 보낼 것을 수레에 싣듯 사람이 차나 비행기에 타다(乘)

乘客(승객) : 배나 수레를 탄 사람
乘馬(승마) : 말을 탐
乘車(승차) : 수레를 탐

잔치 연	부수 : 宀 총 10 획 필순 : 丶丶宀宀宀宴宴宴宴
宴	집(宀)안에 좋은 날(日)이 있어 계집(女)이 즐거워 하니 잔치(宴)다

宴席(연:석) : 잔치하는 자리
宴會(연:회) : 잔치
酒宴(주연) : 술잔치

기쁠 열	부수 : 心(忄) 총 10 획 필순 : 丶丶忄忄忄忄悦悦悦
悅	마음(心→忄)에 와 닿게 여덟(八)번씩이나 형(兄)답게 말하여 주니 기쁘다(悅)

悅樂(열락) : 기뻐하고 즐거워 함
悅愛(열애) : 기뻐하고 사랑함
喜悅(희열) : 기쁨과 즐거움

까마귀 오	부수 : 火(灬) 총 10 획 필순 : 丿丶宀户户鸟鸟烏烏
烏	새(鳥)에서 눈 한(一)개를 없앤 것처럼 보이는 새가 까마귀(烏)다

烏骨鷄(오골계) : 뼈, 살, 가죽이 모두 암자색임
烏合之卒(오합지졸) : 어중이떠중이
嗚呼(오호) : 아아

깨달을 오:	부수 : 心 총 10 획 필순 : 丶丶忄忄忄悟悟悟悟
悟	마음(心→忄)으로 나(吾)로 하여금 잘못을 깨닫다(悟)
	※ 吾 : 나 오

悟性(오:성) : 사물을 잘 깨닫는 성질
覺悟(각오) : 깨달음
大悟(대:오) : 번뇌를 벗고 진리를 깨달음

욕될 욕	부수 : 辰 총 10 획 필순 : 一厂厂厂户辰辰辱辱
辱	제 때(辰)에 할 일을 안 하면 한 마디(寸)씩 하는 말이 욕되다(辱)

困辱(곤:욕) : 심한 모욕
屈辱(굴욕) : 남에게 꺾여 업신여김을 받음
榮辱(영욕) : 영예와 치욕

3급 II 배정한자

심을 재:	부수 : 木	총 10 획	필순 : ー ナ 十 キ 夫 表 栽 栽 栽

栽 흙[땅](土)에다 나무(木)를 창(戈)같은 도구로 파고 심다(栽)

盆栽(분재) : 화초, 나무를 나누어 심음
移栽(이재) : 옮겨 심음

증세 증:	부수 : 疒	총 10 획	필순 : ' 亠 广 广 疒 疒 疒 疒 症 症

症 병들(疒)어 있는 사람을 바르(正)게 고치기 위해 병의 증세(症)를 안다

症狀(증상) : 병으로 앓는 여러 가지의 모양
重症(중:증) : 매우 위중한 병세
痛症(통:증) : 아픈 증세

떨칠 진:	부수 : 手	총 10 획	필순 : 一 十 扌 扌 扩 扩 护 振 振 振

振 손(手→扌)으로 만든 물건이 별(辰)처럼 세상에 빛나 이름을 떨치다(振)

振起(진:기) : 떨치어 일으킴
振動(진:동) : 흔들리어 움직임
振興(진:흥) : 떨치어 일으킴

병 질	부수 : 疒	총 10 획	필순 : ' 亠 广 广 疒 疒 疒 疒 疾 疾

疾 병들(疒)어 누운 사람이 화살(矢)에 맞은 것처럼 몹시 아프니 병(疾)이다

疾病(질병) : 병. 병이 위중함
疾患(질환) : 질병
眼疾(안:질) : 눈병

차례 질	부수 : 禾	총 10 획	필순 : ' 二 千 千 禾 禾 禾 秆 秩 秩

秩 벼(禾)단을 잃을(失)까 차례(秩)대로 잘 쌓다

秩序(질서) : 차례. 순서

곳집 창:	부수 : 人	총 10 획	필순 : ノ 人 ㅅ 소 今 今 侖 倉 倉 倉

倉 밥(食→侖)을 해서 입(口)으로 먹기 전에 쌀을 쌓아 두니 곳집(倉)이다

倉庫(창고) : 곳집
倉穀(창곡) : 창고 속의 곡식
官倉(관창) : 관가의 창고

3급 II 배정한자

밝을 철	부수 : 口　　　총 10 획　　　필순 : 一十扌扩扩拆折哲哲
哲	남을 꺾을(折)듯이 입(口)으로 말하니 사리에 밝다(哲)

哲理(철리) : 철학상의 이치
哲人(철인) : 어질고 밝은 사람
明哲(명철) : 총명하고 사리에 밝음

쫓을 추	부수 : 辵(辶)　　　총 10 획　　　필순 : ′ 亻 亻 亻 阜 阜 追 追
追	언덕(阜→𠂤)위로 도망치는 사람을 뛸(辵→辶)듯이 오르며 뒤를 쫓다(追) ※ 辵[辶] : 뛰다 착

追加(추가) : 나중에 더 넣음
追擊(추격) : 쫓아가며 냅다 침
追求(추구) : 뒤쫓아 가 요구함

값 치	부수 : 人(亻)　　　총 10 획　　　필순 : ′ 亻 亻 亻 亻 佔 佔 佔 値 値
値	사람(人→亻)이 마음을 곧게(直)하고 살면 그것이 값(値)있는 삶이다

價値(가치) : 값. 값어치
數値(수:치) : 계산해 얻은 값

부끄러울 치	부수 : 心　　　총 10 획　　　필순 : 一 厂 FF FF 耳 耳 耻 耻 恥
恥	귀(耳)로 마음(心)에 거리끼는 소리를 들으니 부끄럽다(恥)

恥骨(치골) : 골반의 앞 하부를 구성한 음모가 나는 곳에 있는 뼈
恥辱(치욕) : 수치와 모욕
國恥(국치) : 나라의 수치

클 태	부수 : 水(氺)　　　총 10 획　　　필순 : 二 三 夫 夫 泰 泰 泰
泰	두(二)곳으로 큰(大) 물(水→氺)이 들어오니 양이 많고 넓이가 크다(泰)

泰山(태산) : 오악의 하나. 끄떡없음의 비유
泰然(태연) : 기색이 아무렇지도 아니한 모양
泰初(태초) : 천지의 시초. 太初(태초)

개 포	부수 : 水　　　총 10 획　　　필순 : ′ ` ⺡ 氵 沪 沪 沪 涓 浦 浦
浦	물(水→氵)에서 한(一)개의 쓸(用)수 있는 점(丶)같은 돌을 찾을 수 있으니 개[물가](浦)다

浦口(포구) : 배가 드나드는 개의 어귀
浦落(포락) : 강물이나 냇물에 논밭이 개먹어서 무너져 떨어짐
浦田(포전) : 갯가에 있는 밭

3급 II 배정한자

입을 피:	부수: 衣　　총 10 획　　필순: ＇丆丆ㅜ衤衤疒秨被被
被	옷(衣→衤)을 가죽(皮)으로 만들어 입다(被)

被告(피:고) : 소송사건에서 소송을 당한 사람
被動(피:동) : 남에게서 동작을 입게 됨
被害(피:해) : 손해를 당함

위협할 협:	부수: 肉(月)　　총 10 획　　필순: ノ九夕夕叒叒肭脅脅脅
脅	힘(力)과 힘(力)과 힘(力)을 온 몸(肉→月)에 실어 남을 위협하다(脅)

脅恐(협공) : 협박과 공갈
脅迫(협박) : 으르고 대듦
威脅(위협) : 위력으로 으르고 협박함

넓을 호:	부수: 水　　총 10 획　　필순: ＇冫冫汀沂浩浩浩浩浩
浩	물(水→氵)이 고할(告)듯이 콸콸 소리를 내며 흘러 내려가는 쪽이 점점 넓다(浩)

浩大(호:대) : 크고 넓음
浩然之氣(호:연지기) : 천지간에 충만해 있는 지대, 의지, 기강
浩歎(호:탄) : 크게 탄식함

뉘우칠 회:	부수: 心　　총 10 획　　필순: ，，忄忄忙忙悔悔悔悔
悔	마음(心→忄)속으로 매양(每) 잘못을 후회하며 뉘우치다(悔)

悔改(회:개) : 전의 잘못을 뉘우쳐 고침
悔過(회:과) : 잘못을 뉘우침
悔心(회:심) : 뉘우치는 마음

다리 각	부수: 肉(月)　　총 11 획　　필순: ノ几月月刖刖胠胠脚脚脚
脚	몸(肉→月)이 싸움터로 갈(去)여고 병부(卩)를 가진 장수가 다리(脚)를 움직이다

脚光(각광) : 조명 장치의 하나
脚色(각색) : 소설을 각본이 되게 만드는 일
脚線美(각선미) : 여성의 다리의 선이 보여주는 아름다움

하늘 건	부수: 乙　　총 11 획　　필순: 一十十古古吉卓草乾乾乾
乾	열(十)방향으로 아침 이를(早)때부터 사람(人→亻)이 새(乙)모양처럼 구부려서 일할 수 있으니 하늘(乾)이 맑다

乾性(건성) : 공기 중에서 쉽사리 건조하는 성질
乾魚(건어) : 말린 물고기
乾草(건초) : 베어서 말린 풀

3급II 배정한자

이별할 결	부수 : 言　　총 11 획　　필순 : ˋ ㅗ ㅗ ㅗ 言 言 訁 訣 訣 訣 訣
訣	말씀(言)을 터놓고(夬)하다 의견이 안 맞아 서로 이별하다(訣) ※ 夬 : 터놓다 쾌

訣別(결별) : 기약 없는 작별
口訣(구결) : 한문의 한 구절 끝에 다는 토
永訣(영결) : 죽은 사람과 산 사람의 영원한 이별

잠깐 경	부수 : 頁　　총 11 획　　필순 : ˊ ヒ ヒ ヒ 𣅃 頃 頃 頃 頃 頃
頃	비수(匕)를 머리(頁)에 대니 피하기 위해 잠깐(頃)기우리다

頃刻(경각) : 잠시. 잠깐 동안
萬頃(만:경) : 백만이랑. 지면이나 수면이 훨씬 너른 것을 일컬음

열 계	부수 : 口　　총 11 획　　필순 : ˋ ㅅ ㄅ ㅌ ㅌ 𠂉 啓 啓 啓 啓
啓	집(戶)에 문을 치(攴→攵)듯 두드리며 입(口)으로 말하니 열리다(啓)

啓告(계:고) : 아룀. 여쭘
啓發(계:발) : 식견을 열어 줌
啓示(계:시) : 열어 보임

기계 계	부수 : 木　　총 11 획　　필순 : ㅡ 十 十 才 木 𣎴 械 械 械 械
械	나무(木)로 적을 경계할(戒)창이나 무기처럼 기계(械)를 만들다

機械(기계) : 동력장치를 부착하고 작업을 하는 도구

꿸 관	부수 : 貝　　총 11 획　　필순 : ㄴ 口 皿 毌 毌 冊 貫 貫 貫 貫 貫
貫	꿰뚫(毌)어 보기 좋게 조개(貝)껍질들을 꿰다(貫) ※ 毌 : 꿰뚫다 관

貫通(관통) : 꿰뚫음
本貫(본관) : 시조가 난 땅
始終一貫(시종일관) : 처음부터 끝까지 한결같이 함

물맑을 담	부수 : 水(氵)　　총 11 획　　필순 : ˋ ㆍ 氵 氵 氵 汫 淡 淡 淡 淡
淡	물(水→氵)을 불(火)과 불(火)에 오래도록 끓이니 불순물이 없어져 물맑다(淡)

淡泊(담:박) : 새뜻함. 시원스러움
淡水(담:수) : 염분이 없는 맑은 물
淸淡(청담) : 맛, 빛깔 등이 맑고 엷음

3급 II 배정한자

길 도	부수 : 辵(辶) 총 11 획 필순 : ノ 八 ☆ ㅅ 수 슈 余 佘 涂 途 途
途	나(余)로 하여금 쉬엄쉬엄갈(辵→辶)수 있으니 길(途)이다

途上(도상) : 길. 길가
途中(도중) : 길을 가고 있는 중
中途(중도) : 하던 일의 도중

질그릇 도	부수 : 阜(阝) 총 11 획 필순 : ㄱ ㅋ ß ß' 阝′ 阝匀 阝匋 陶 陶
陶	언덕(阜→阝)에 굴을 파서 사방을 싸(勹)서 막고 장군(缶)같은 것을 구어 낸 것이 질그릇(陶)이다

陶工(도공) : 도기를 만드는 사람
陶器(도기) : 오지그릇
陶染(도염) : 질그릇을 만들고 옷에 물을 들임

거느릴 솔	부수 : 玄 총 11 획 필순 : ㆍ ㅗ 十 玄 玄 玄 玄 玄 率
率	검을(玄)정도로 많은(丷丷)사람들을 열(十)명씩 대오를 지어 거느리다(率)

率先(솔선) : 앞장섬. 남보다 앞서 행함
率直(솔직) : 꾸밈없고 정직함
家率(가솔) : 집안의 식솔

언덕 릉	부수 : 阜 총 11 획 필순 : ㄱ ß ß′ ß″ 阝^ 陟 陟 陵 陵 陵
陵	언덕(阜→阝)처럼 흙(土)을 어진사람(儿)이 뒤져오(夂)듯 서서히 쌓으니 언덕(陵)지다

陵墓(능묘) : 천자 또는 제후의 무덤
古陵(고릉) : 오래된 무덤
王陵(왕릉) : 임금의 무덤

없을 막	부수 : 艸(艹) 총 11 획 필순 : 丨 丬 ㅛ 䒑 䒑 苎 苩 苜 草 莫
莫	풀(艹)숲으로 해(日)가 큰(大)모습을 서서히 감추며 넘어가니 없다(莫)

莫上莫下(막상막하) : 우열의 차이가 없음
莫逆之友(막역지우) : 서로 막역한 친구
莫重(막중) : 썩 무거움. 아주 중요함

매화 매	부수 : 木 총 11 획 필순 : 一 十 ㅊ ㅊ ㅊ' 朾 柆 栂 梅 梅
梅	나무(木)중 매양(每)꽃이 일찍 피니 매화(梅)나무다

梅實(매실) : 매화나무 열매
紅梅(홍매) : 붉은 빛 매화
黃梅(황매) : 익어서 누렇게 된 매화나무의 열매

3급 II 배정한자

사나울 맹:	부수 : 犬(犭) 총 11 획 필순 : ノ 丿 犭 犭 犷 狞 猛 猛 猛
猛	개(犬→犭)처럼 맹랑할(孟)정도로 날뛰니 사납다(猛)

猛犬(맹:견) : 사나운 개
猛烈(맹:렬) : 기세가 사납고 세참
猛威(맹:위) : 맹렬한 위세

북돋을 배:	부수 : 土 총 11 획 필순 : 一 十 土 圹 圹 坊 培 培 培
培	흙(土)으로 서(立)있는 곡식이 쓰러지지 않게 입(口)모양처럼 북돋다(培)

培養(배:양) : 북돋아 기름
培土(배:토) : 그루에 북을 돋음
栽培(재:배) : 식용, 약용, 관상용 등의 목적으로 식물을 심어서 기름

밀칠 배	부수 : 手 총 11 획 필순 : 一 十 扌 扌 ポ 㧕 挃 排 排
排	손(手→扌)으로 내 것이 아니다(非)하는 것은 옆으로 밀치다(排)

排擊(배격) : 배척하여 물리침
排列(배열) : 일정한 차례나 간격으로 벌려 놓음
排置(배치) : 순서 있게 벌려 놓음

만날 봉:	부수 : 辵(辶) 총 11 획 필순 : ノ ク 夂 冬 冬 条 夆 逄 逢 逢
逢	만날(夆)사람을 기약했다 쉬엄쉬엄가(辶)서 서로 만나다(逢) ※ 夆 : 만나다 봉

逢變(봉변) : 뜻밖에 변을 당함
逢着(봉착) : 만남
相逢(상봉) : 서로 만남

부호 부:	부수 : 竹 총 11 획 필순 : ノ ト ト ㅆ ㅆ 竺 竺 符 符 符
符	대(竹)나무 조각에 글씨를 쓰고 부칠(付)수 있는 것이 부호(符)다

符信(부신) : 증표. 증거
符號(부호) : 표. 기호
音符(음부) : 음표

계집종 비:	부수 : 女 총 11 획 필순 : ㄑ 夊 女 女' 女' 妒 妒 婢 婢 婢
婢	계집(女)이 낮을(卑)정도의 신분이니 계집종(婢)이다

官婢(관비) : 관가의 계집종
奴婢(노비) : 사내종과 계집종
侍婢(시:비) : 곁에서 시중드는 계집종

3급 II 배정한자

아낄 석	부수 : 心(忄) 총 11 획 필순 : 丶忄忄 世 惜 惜
惜	마음(心→忄)속으로 스물(卄) 한(一) 날(日)동안 쓸 것을 아끼다(惜)

惜別(석별) : 이별을 아쉬워함
惜敗(석패) : 아깝게 짐
哀惜(애석) : 슬프고 아깝게 여김

돌 선	부수 : 方 총 11 획 필순 : 丶 亠 方 方 方 방 旅 旅 旋 旋
旋	모(方)로 서 있던 사람(人→丿)들이 원을 만들기 위해 발(疋)로 빙빙 돌다(旋)

旋律(선율) : 음악의 가락
旋風(선풍) : 회오리바람
旋回(선회) : 둘레를 빙빙 돎

트일 소	부수 : 疋 총 11 획 필순 : 丶 丆 丆 且 且 疋 疋 疋 疏 疏 疏
疏	발(疋→𤴔)로 머리부분(亠)에서 사사(厶)로이 흐르는 내(川→川)를 건널 수 있으니 앞이 확 트이다(疏)

疏待(소대) : 푸대접
疏林(소림) : 나무가 듬성듬성 서 있는 숲
疏通(소통) : 막힘없이 통함

맑을 숙	부수 : 水 총 11 획 필순 : 丶 氵 氵 氵 沪 汁 汁 洂 洂 淑 淑
淑	물(水→氵)이 위(上)쪽 작은(小) 구멍에서 또(又) 솟아나니 맑다(淑)

淑女(숙녀) : 선량하고 부덕이 있는 여자
淑德(숙덕) : 부인의 미덕
貞淑(정숙) : 여자의 지조가 곧고 마음씨가 얌전함

거느릴 어:	부수 : 彳 총 11 획 필순 : 丶 彳 彳 彳 彳 彴 彴 佑 御 御
御	자축거리(彳)며 사람(人→丿)을 한(一)곳에 그칠(止)듯 머무르게 하고 병부(卩)를 가진 벼슬아치가 거느리다(御)

御命(어:명) : 임금이 명령
御醫(어:의) : 궁중의 시의
御筆(어:필) : 임금이 쓴 글 또는 그린 그림

연할 연:	부수 : 車 총 11 획 필순 : 一 厂 厅 百 亘 車 車 軟 軟
軟	수레(車)에 하품(欠)하듯 입처럼 생긴 바퀴의 구름이 연하다(軟)

軟骨(연:골) : 물렁뼈
軟弱(연:약) : 연하고 약함
柔軟(유연) : 부드럽고 연함

3급 II 배정한자

하고자할 욕	부수 : 欠　　총 11 획　　필순 : ′ ″ ⺈ ⺅ 谷 谷 谷 谷 欲 欲
欲	얼굴에 골(谷)지게 하품(欠)하듯 입 벌려 음식을 먹고자 하듯, 어떤 일을 하고자하다(欲)

欲求(욕구) : 바램
慾望(욕망) : 무엇을 하거나 가지고자 바람
欲速不達(욕속부달) : 너무 빨리 하려고 서두르면 도리어 이루지 못함

짝 우	부수 : 人　　총 11 획　　필순 : ノ 亻 亻 㑒 㑒 偭 偶 偶 偶
偶	사람(人→亻)이 밭(田)에서 일하니 뒤에 생기는 발자국(內)이 서로 짝(偶)이다

偶發(우발) : 일이 우연히 발생하거나 일어남
偶人(우인) : 허수아비. 인형
配偶(배:우) : 부부로서의 알맞은 짝

멀 유	부수 : 心　　총 11 획　　필순 : ′ 亻 亻 㐅 攸 攸 攸 悠 悠 悠
悠	사람(人→亻)이 뚫을(丨)듯 치(攵)며 말하니 서로의 마음(心)이 멀다(悠)

悠久(유구) : 아득하게 오램
悠然(유연) : 침착하여 서두르지 않는 모양
悠悠自適(유유자적) : 세속의 번거로움으로 벗어나 태연한 생활을 즐김

씩씩할 장	부수 : 艸(⺾)　　총 11 획　　필순 : ′ ″ ⺾ 广 扩 圹 壮 莊 莊 莊
莊	풀(⺾)이 무성하게 자라듯 장할(壯)정도로 힘을 쓰니 씩씩하다(莊)

莊嚴(장엄) : 고상하고 엄숙함
莊園(장원) : 별장과 거기에 딸린 정원
別莊(별장) : 경치 좋은 곳에 따로 마련한 집

고요할 적	부수 : 宀　　총 11 획　　필순 : ′ 宀 宀 宀 宀 宇 穼 宋 寂 寂
寂	집(宀)안에 아재비(叔)가 혼자만 있으니 쓸쓸하고 고요하다(寂)

寂寂(적적) : 고요하고 쓸쓸한 모양
靜寂(정:적) : 고요하여 괴괴함
閑寂(한적) : 한가롭고 고요함

피리 적	부수 : 竹　　총 11 획　　필순 : ′ ″ ⺮ ⺮ ⺮ 竹 笁 笛 笛 笛
笛	대(竹)나무로 말미암아(由) 소리를 내니 피리(笛)다

笛聲(적성) : 피리 소리
汽笛(기적) : 증기의 분출에 의하여 소리 내는 고동
胡笛(호적) : 날라리

3급 II 배정한자

깨끗할 정	부수: 水 총 11 획 필순: 丶丶㇀㇀ 氵㇀㇀ 氵㇀ 氵㇀ 浐 浐 浐 浄 淨
淨	물(水→氵)을 물방울이 다툴(爭)정도로 끓이니 불순물이 죽어 깨끗하다(淨)

淨水(정수) : 깨끗한 물
淨化(정화) : 깨끗하게 함
淸淨(청정) : 깨끗하며 더럽고 속됨이 없음

정수리 정	부수: 頁 총 11 획 필순: 一 丁 厂 丆 㐬 㐬 㐬 頂 頂 頂
頂	장정(丁)이 떡메를 머리(頁)위 정수리(頂)까지 쳐들다

頂門(정문) : 정수리. 숨구멍
頂上(정상) : 꼭대기
頂點(정점) : 각을 이룬 여러 면이 모이는 점

베풀 진	부수: 阜(阝) 총 11 획 필순: 丨 ㇇ 阝 ㇇ 阝 ㇇ 阝 陣 陣 陳 陳
陳	언덕(阜→阝)위 동녘(東)햇살이 퍼지니 곡식을 넣기 위해 펼쳐 베풀다(陳)

陳述(진술) : 자세히 말함
陳列(진열) : 물건 따위를 죽 벌여 놓음
陳情(진정) : 사정을 진술함

잡을 집	부수: 土 총 11 획 필순: 一 十 土 キ 幸 幸 幸 軌 執 執
執	다행(幸)히 아홉(九)번째서 점(丶)같은 작은 물체를 잡다(執)

執權(집권) : 정사를 행하는 실권을 잡음
執務(집무) : 사무를 봄
執筆(집필) : 붓을 쥐고 글 또는 글씨를 씀

채색 채:	부수: 彡 총 11 획 필순: 丶 ㇀ ㇀ 爫 ㅁ 무 采 采 彩 彩
彩	손톱(爫)같은 날카로운 칼로 나무(木)에다 조각하고 터럭(彡)붓으로 채색(彩)하다

彩色(채:색) : 여러 가지의 고운 빛깔
光彩(광채) : 눈부신 빛
色彩(색채) : 빛깔. 빛깔과 문채

친척 척	부수: 戈 총 11 획 필순: 丿 厂 厂 厂 斤 斤 斤 戚 戚 戚
戚	무성할(戊)정도로 위(上)촌수 작은(小)촌수 모여 사니 친척(戚)이다 ※ 戊 : 무성하다 무

外戚(외:척) : 같은 본을 가진 사람이외의 친척
親戚(친척) : 혈족 관계와 배우자관계에 있는 사람들
婚戚(혼척) : 외가와 처가에 딸린 겨레붙이

3급II 배정한자

얕을 천:	부수: 水	총 11 획	필순: ` ; ; 氵汽沪洋浅浅淺

淺 물(水→氵)을 창(戈)과 창(戈)을 걸쳐놓고 건널 수 있으니 얕다(淺)

淺識(천:식) : 얕은 식견
淺才(천:재) : 얕은 재주
淺水(천:수) : 얕은 물

곁 측:	부수: 人(亻)	총 11 획	필순: 亻亻仍佣佣佣佣側側

側 사람(人→亻)이 지켜야 할 법칙(則)은 항상 곁(側)에 있다

側近(측근) : 가까이 곁에 있음
側面(측면) : 전면에 대한 좌우의 면
側室(측실) : 곁에 있는 방

마칠 필:	부수: 田	총 11 획	필순: ` 口 田 甲 田 甼 畢 畢 畢

畢 밭(田)에 풀(++) 뽑는 일을 한(一)곳에서 열(十) 사람이 마치다(畢)

畢納(필납) : 전부 바침
畢業(필업) : 학업을 마침

빠질 함:	부수: 阜(阝)	총 11 획	필순: ` 阝 阝' 阝' 阝' 阝? 陷 陷 陷

陷 언덕(阜→阝)진 곳에 싸(勹)덮어놓은 절구(臼)모양의 구덩이에 산짐승이 빠지다(陷)

陷落(함:락) : 땅 같은 것이 움푹 꺼져 들어감
陷沒(함:몰) : 재난을 당하여 멸망함
缺陷(결함) : 흠이 있어 완전하지 못함

상거할 거:	부수: 足	총 12 획	필순: ` 口 口 무 무 무 距 距 距 距

距 발(足→足)을 클(巨)정도로 벌리고 가니 발과 발 사이가 상거하다(距)

距離(거:리) : 서로 떨어진 사이의 먼 정도
射距離(사거리) : 총구에서 탄착점까지의 거리
相距(상:거) : 서로 떨어진 두 거리

국화 국:	부수: 艸(++)	총 12 획	필순: ` ` ` ++ ++ 艻 芍 芍 菊 菊 菊

菊 풀(++)밭에서 싸(勹)고 있는 쌀(米)모양처럼 생긴 꽃이 국화(菊)다

菊版(국판) : 양지로 매는 책의 장광의 이름
菊花(국화) : 엉거시과에 속하는 관상용의 다년초
黃菊(황국) : 빛이 누른 국화

3급 II 배정한자

거문고 금	부수 : 玉(王)　　총 12 획　　필순 : ⼀ T F E ⺩ 玡 珡 琹 琹 琴
琴	구슬(玉→王)과 구슬(玉→王)이 부딪치는 아름다운 소리처럼 이제(今) 막 귀가에 들리니 거문고(琴)소리다

琴曲(금곡) : 거문고의 곡
琴聲(금성) : 거문고 소리
風琴(풍금) : 악기의 한 가지

이을 락	부수 : 糸　　총 12 획　　필순 : ⼀ ⺌ 纟 纟 糸 糽 紻 絡 絡
絡	실(糸)이 각각(各) 있는 것을 쓰기 위해 서로 잇다(絡)

經絡(경락) : 기혈이 인체 안을 돌아다니는 맥 관
脈絡(맥락) : 혈맥의 연락
連絡(연락) : 서로 연고를 맺음

높을 륭	부수 : 阜　　총 11 획　　필순 : ⼀ ⺁ ⻏ ⻏ ⻖ 陉 陉 陉 降 隆
隆	언덕(阜→阝)처럼 뒤져오(夂)듯 서서히 한(一)곳에 흙을 쌓으니 불쑥 나(生)와 높다(隆)

隆起(융기) : 평면보다 높아 불룩함
隆盛(융성) : 성함. 번창함
隆興(융흥) : 성하게 일어남

무역할 무:	부수 : 貝　　총 11 획　　필순 : ⼀ ⺌ ⺌ ⺌ 卯 卯 貿 貿 貿 貿
貿	토끼(卯→⺌)가죽과 조개(貝)를 서로 바꾸듯 나라와 나라가 무역하다(貿)　　※ 卯 : 토끼 묘

貿易(무:역) : 외국과 장사 거래를 함

기울 보:	부수 : 衣(衤)　　총 12 획　　필순 : ⼀ ⺌ ⻊ ⻊ ⻊ 衤 衤 衤 補 補
補	옷(衣→衤)해진 곳에 한(一)조각에 쓸(用)수 있는 헝겊을 대고 점(丶)점이 바느질하여 기우다(補)

補强(보:강) : 빈약한 일이나 물건을 기워 더 튼튼하게 함
補缺(보:결) : 빈자리를 채움
補給(보:급) : 뒤 바라지로 대어 줌

말 사	부수 : 言　　총 12 획　　필순 : ⼀ ⺌ ⺌ 言 言 言 訂 訂 詞
詞	말씀(言)한 것을 맡아(司)써 놓은 것이 글(詞)이다

詞曲(사곡) : 당대에 시작한 악부의 한 체
歌詞(가사) : 노래의 내용이 되는 글
副詞(부:사) : 품사의 한 가지

3급II 배정한자

수풀 삼	부수 : 木	총 12 획	필순 : 一十十木木木木本森森森
森	나무(木)가 수풀(林)보다 빽빽이 우거진 수풀(森)을 나타낸 자			

森羅(삼라) : 나무가 무성하게 늘어짐
森羅萬象(삼라만상) : 우주사이에 벌여있는 일체의 현상
森林(삼림) : 나무가 많이 난 곳

잃을 상:	부수 : 口	총 12 획	필순 : 一十十十口口血車車喪
喪	한(一)곳에서 상제 옷(衣)을 입고 입(口)과 입(口)으로 우니 사람을 잃다(喪)			

喪家(상가) : 초상난 집
喪禮(상례) : 상중에 행하는 예절
喪服(상복) : 상중에 입는 옷

호소할 소	부수 : 言	총 12 획	필순 : 一十十言言言訂訢訢訴
訴	말씀(言)을 도끼(斤)날로 찍 듯 점(丶)같은 한마디로 남에게 해주도록 억울함을 호소하다(訴)			

訴願(소원) : 호소하여 청원함
訴狀(소장) : 소송을 제기하는 서류
提訴(제소) : 소송을 일으킴

맑을 아:	부수 : 隹	총 12 획	필순 : 一二广牙牙邪邪雅雅雅
雅	어금니(牙)도 없는 새(隹)가 주둥이로 내는 소리가 우아하고 맑다(雅)			

雅量(아:량) : 너그러운 도량
雅致(아:치) : 아담한 운치
雅號(아:호) : 문인, 화가, 학자 등의 호

날릴 양	부수 : 手	총 12 획	필순 : 一十扌扌扌护护挦挦揚揚
揚	손(手→扌)으로 아침(旦)에 말(勿)처럼 없던 깃발을 다니 바람에 날리다(揚)			

揚揚(양양) : 뜻을 이루어 만족한 모양
激揚(격양) : 기운이나 감정이 몹시 움직여 드날림
宣揚(선양) : 널리 떨치게 함

넘을 월	부수 : 走	총 12 획	필순 : 一十土キキ走走越越越
越	달리(走)다 도끼(戉)같은 위험한 물체를 보면 뛰어 넘다(越) ※ 戉 : 도끼 월			

越境(월경) : 국경을 넘음
越權(월권) : 권한 외의 행위
越等(월등) : 사물의 정도의 차이가 대단함

3급Ⅱ 배정한자

오히려 유 猶	부수: 犬(犭) 총 12 획 필순: ノ ⺌ 犭 犭 犭 犷 猶 猶 猶
	개(犬→犭)한 마리가 여덟(八)개의 술(酉)단지 보다 오히려(猶)낫다

猶豫(유예) : 의심하여 결정하지 않은 모양
猶太敎(유태교) : 유태인이 믿는 일신교

넉넉할 유: 裕	부수: 衣(衤) 총 12 획 필순: ノ ⺀ 衤 衤 衤 衤 衤 裕 裕
	옷(衣→衤)에 골(谷)지게 주름을 많이 주니 천이 넉넉하다(裕)

裕福(유복) : 살림이 넉넉함
裕裕(유유) : 마음이 너그러운 모양
餘裕(여유) : 물건 따위가 넉넉하고 남음이 있음

편안할 일 逸	부수: 辵(辶) 총 12 획 필순: ノ ⺈ ⺈ ⺈ 免 免 免 逸 逸
	토끼(兎)처럼 쉬엄쉬엄가(辵→辶)는 모습이 편안하다(逸)

逸品(일품) : 썩 뛰어난 물품
安逸(안일) : 썩 편하고 한가함
隱逸(은일) : 벼슬하지 않고 세상을 피하여 숨음

손바닥 장: 掌	부수: 手 총 12 획 필순: ⺌ ⺌ ⺌ ⺌ 出 出 尚 尚 掌 掌 掌
	오히려(尙) 손(手)에서 많이 쓰는 데가 손바닥(掌)이다

掌中(장:중) : 움켜 쥔 손아귀 안
仙人掌(선인장) : 선인장과의 다년생 식물
合掌(합장) : 두 손바닥을 합함

단장할 장 粧	부수: 米 총 12 획 필순: ⺀ ⺀ ⺌ 米 米 籽 粧 粧 粧 粧
	쌀(米)들 창고인 집(广)을 흙(土)으로 발라 잘 단장하다(粧)

粧鏡(장경) : 화장용 거울
粧面(장면) : 화장한 얼굴

옷마를 재 裁	부수: 衣 총 12 획 필순: 一 ⺊ 土 士 丰 表 表 裁 裁 裁
	흙(土)을 펼치듯 천을 펼쳐놓고 옷(衣)을 만들기 위해 창(戈)같은 도구로 잘라 옷마르다(裁)

裁斷(재단) : 끊음. 절단함
裁量(재량) : 헤아려 처리함
裁判(재판) : 시비곡직을 판단함

3급 II 배정한자

일찍 증	부수: 曰	총 12획	필순: ノ 八 个 个 슈 슈 命 命 兪 曾 曾
曾	여덟(八)명이 모여 마음의 창(囪→田)을 열고 서로 가로(曰)의 대화를 하니 일찍(曾)부터 서로 안다			

曾孫(증손): 아들의 손자
曾祖(증조): 할아버지의 아버지

나물 채	부수: 艸(艹)	총 12획	필순: 一 十 十 ㅛ ㅛ 步 芢 芢 苂 莁 菜 菜
菜	풀(艹)밭에서 손톱(爫)같은 나무(木)끝으로 캐는 것이 나물(菜)이다			

菜根(채:근): 채소의 뿌리
菜刀(채:도): 식칼. 부엌칼. 채칼
菜食(채:식): 반찬으로 푸성귀로만 먹음

꾀 책	부수: 竹	총 12획	필순: ノ ㅏ ㅑ ㅑ ㅑ ㅑ 竺 竺 筁 筁 策 策
策	대(竹)나무 가시(朿)로 찌르듯 꾸짖으며 일을 꾀(策)하게 하다 ※ 朿: 가시 자			

策略(책략): 꾀. 계략
計策(계책): 계교와 방책
對策(대:책): 어떤 일에 대응하는 방책

뛰어넘을 초	부수: 走	총 12획	필순: 一 十 土 牛 牛 走 走 赶 赶 超
超	달릴(走)다 칼(刀)같은 위험한 물체가 있으면 입(口)으로 큰 소리 내며 뛰어넘다(超)			

超過(초과): 일정한 수를 넘음
超越(초월): 뛰어남. 뛰어넘음
超人(초인): 범인보다 훨씬 뛰어난 사람

하례할 하	부수: 貝	총 12획	필순: フ カ カ 加 加 加 智 智 賀 賀
賀	더할(加)수 있도록 조개(貝)판 돈을 주며 하례하다(賀)			

賀客(하:객): 축하하는 사람
賀禮(하:례): 축하하는 예식
祝賀(축하): 기쁘고 즐거운 일을 빌어서 하례함

벨 할	부수: 刀(刂)	총 12획	필순: ' 宀 宀 宀 生 串 害 害 害 割 割
割	사람에게 해할(害)수 있는 것은 칼(刀→刂)로 베다(割)			

割據(할거): 한 지방을 점령하여 웅거함
分割(분할): 나누어서 쪼갬

3급 II 배정한자

항목 항:	부수 : 頁　　총 12 획　　필순 : 一 T I F F 項 項 項 項
項	장인(工)이 만들 것을 머리(頁)속으로 미리 항목(項)을 정하다

項目(항:목) : 사물을 점령하여 웅거함
條項(조항) : 한 개 한 개 벌인 일의 가락

미혹할 혹	부수 : 心　　총 12 획　　필순 : 一 口 F 굿 或 或 或 惑 惑 惑
惑	혹(或)하는 마음(心)을 가지니 자신이 미혹하다(惑)

惑星(혹성) : 유성
不惑(불혹) : 미혹하지 않음
疑惑(의혹) : 의심하여 분별하지 못함

바꿀 환	부수 : 手　　총 12 획　　필순 : 扌 扌 扩 扩 护 护 换 换 换
換	손(手→扌)으로 사람(人→⺈)이 멀(冂)리 가서 다른 어진사람(儿)의 큰(大) 물건과 바꾸다(換)

換價(환:가) : 값으로 환산함
換穀(환:곡) : 곡식을 서로 바꿈
換氣(환:기) : 공기를 바꾸어 넣음

드물 희	부수 : 禾　　총 12 획　　필순 : 一 二 千 千 禾 禾 禾 秆 秆 秤 稀 稀
稀	벼(禾)농사가 잘 되기를 바라(希)나 잘 되는 해는 드물다(稀)

稀貴(희귀) : 드물어 귀함
稀少(희소) : 드물고 적음
古稀(고:희) : 사람 나이 70살을 가리키는 말

줄기 간	부수 : 干　　총 13 획　　필순 : 一 十 十 十 古 吉 直 卓 軡 幹 幹
幹	열(十)시쯤 해(日)살이 열(十)방향으로 퍼져 사람(人)에게 비칠 때 방패(干) 역할을 하는 것이 나무 줄기(幹)이다

幹部(간부) : 단체에서 우두머리가 되는 사람들
幹事(간사) : 주역이 되어 일을 처리함
幹線(간선) : 철도, 도로 등의 주요한 선로

시내 계	부수 : 水　　총 13 획　　필순 : 氵 氵 氵 沪 沪 泻 浮 渓 溪 溪
溪	물(水→氵)에다 손톱(爫)같은 작고(幺) 큰(大)것을 씻을 수 있으니 시내(溪)다

溪谷(계곡) : 물이 흐르는 산골짜기
溪流(계류) : 산골짜기에 흐르는 시냇물
深溪(심계) : 깊은 계곡

3급 II 배정한자

| 북 고 | 부수 : 鼓 | 총 13 획 | 필순 : 一十士吉青吉吉壴鼓鼓 |

鼓
열(十)방향으로 콩(豆)모양의 물체를 지탱할(支)정도로 꽉 매어 놓고 치는 것이 북(鼓)이다

鼓動(고동) : 북을 울리는 소리
鼓手(고수) : 북을 치는 사람
小鼓(소고) : 작은 북

| 자랑할 과 | 부수 : 言 | 총 13 획 | 필순 : 亠立言言言許許誇誇 |

誇
말씀(言)을 큰(大)소리로 한(一)마디 한 마디 공교할(巧→丂)정도로 하며 자랑하다(誇)

誇大(과:대) : 작은 것을 크게 과장하여 말함
誇示(과:시) : 뽐내어 보임
誇張(과:장) : 실제보다 지나치게 나타냄

| 비교 교 | 부수 : 車 | 총 13 획 | 필순 : 一日目車車'軒軒較較 |

較
수레(車)를 가져와 사귈(交)듯이 서로 좋고 나쁨을 비교(較)하다

大較(대:교) : 대략. 대강
比較(비:교) : 서로 견주어 봄

| 새 금 | 부수 : 內 | 총 13 획 | 필순 : 人人今合含禽禽禽禽 |

禽
사람(人)이 글월(文)써 놓은 것처럼 입벌리(凵)듯 작은 발자국(內)을 낸 것을 보니 새(禽)다

家禽(가금) : 집에서 기르는 새, 닭, 오리 따위
猛禽(맹:금) : 성질이 사납고 육식하는 날짐승

| 골 뇌 | 부수 : 肉(月) | 총 12 획 | 필순 : 丿月月𦚰𦚰腦腦腦腦 |

腦
몸(肉→月)에서 내(巛)가 흐르는 모양과 숨구멍(囟)이 있으니 골(腦)이다
※ 囟 : 숨구멍 신

腦炎(뇌염) : 뇌수에 생기는 염증의 총칭
大腦(대:뇌) : 척추동물의 뇌수의 일부
頭腦(두뇌) : 뇌. 뇌수

| 사랑채 랑 | 부수 : 广 | 총 12 획 | 필순 : 广广广广庐庐庐廊廊廊 |

廊
집(广)에 주로 사내(郞)들이 거처하는 곳이 사랑채(廊)다

廊下(낭하) : 복도. 행랑
高廊(고랑) : 높은 낭하
宮廊(궁랑) : 궁전의 낭하

3급 II 배정한자

속 리	부수: 衣	총 13획	필순: 亠 宀 宀 甶 审 审 専 裏 裏 裏

裏 머리부분(亠)같이 높은데 올라 마을(里)을 내려다보니 옷(衣→𧘇)이 울타리 안인 속(裏)에 걸려 있다

裏面(이:면) : 속. 안 범위의 전체
裏書(이:서) : 종이 뒤에 적음
表裏(표리) : 겉과 속. 안과 밖

맹세 맹	부수: 皿	총 13획	필순: 丨 冂 日 貝 明 明 明 盟 盟

盟 밝은(明)곳에 그릇(皿)에 맑은 냉수를 떠놓고 서로 앞날을 맹세(盟)하다

盟約(맹약) : 맹세함
盟友(맹우) : 맹약으로 맺은 벗
同盟(동맹) : 같은 목적이나 이익을 위하여 같이 행동하기로 약속하는 일

멸할 멸	부수: 水	총 13획	필순: 氵 氵 氵 氵 沪 沪 沪 滅 滅 滅

滅 물(水→氵)로 물체를 뚫을(丨→丿)수 있는 창(戈)처럼 한(一)곳에 불(火) 타는 것을 멸하다(滅)

滅亡(멸망) : 나라를 망침 또는 없앰
滅族(멸족) : 일족을 멸망시킴
滅種(멸종) : 종자가 망하여 없어짐

화목할 목	부수: 目	총 13획	필순: 丨 冂 目 旷 旷 旷 旷 睦 睦 睦

睦 눈(目)으로 땅(土)에서 어진사람(儿)인 아이들이 흙(土)을 가지고 노는 것을 보이니 서로 화목하다(睦)

親睦(친목) : 서로 친하여 뜻이 맞고 정다움
和睦(화목) : 서로 뜻이 맞고 정다움

작을 미	부수: 彳	총 13획	필순: 彳 彳 彳 𢖩 𢖩 𢖨 微 微 微 微

微 자축거리(彳)며 뫼(山)에 오르듯 한(一)곳 안석(几)에서 치(攵)는 힘은 작다(微)

微動(미동) : 약간 움직임
微量(미량) : 아주 적은 분량
微力(미력) : 적은 힘. 힘이 약함

밥 반	부수: 食	총 13획	필순: 人 ㅅ 亽 亽 슥 甶 食 飣 飣 飯 飯

飯 먹을(食)때가 돌아올(反)때면 늘 먹는 것이 밥(飯)이다

飯店(반점) : 음식점
飯酒(반주) : 밥에 곁들여 마시는 술
朝飯(조반) : 아침밥

3급 II 배정한자

배 복	부수: 肉(月)　총 13획　필순: ノ 几 月 月 肝 肝 肺 腹 腹
腹	몸(肉→月)에 들어가 사람(人→亠)에게 해(日)처럼 뒤져오(夊)듯이 따뜻해지는 쪽이 배(腹)다

腹部(복부) : 배의 부분. 배
空腹(공복) : 음식을 먹지 않은 배
割腹自殺(할복자살) : 배를 칼로 째고 스스로 자기 목숨을 끊음

자세할 상	부수: 言　총 13획　필순: 亠 亠 言 言 言 言 詳 詳 詳
詳	말씀(言)이 양(羊)을 보살피듯 자세하다(詳)

詳考(상고) : 자세하고 참고함
詳說(상설) : 자세하게 설명함
詳細(상세) : 자상하고 세밀함

근심 수	부수: 心　총 13획　필순: ノ 二 千 禾 禾 禾 秒 秋 愁 愁
愁	가을(秋)의 마음(心)은 추어져 오는 겨울을 근심(愁)하다

愁心(수심) : 근심스러운 마음
客愁(객수) : 객지에서 느끼는 시름
哀愁(애수) : 가슴에 스며드는 슬픈 시름

삼갈 신:	부수: 心　총 13획　필순: ` ` 忄 忄 忄 忄 忄 愼 愼 愼
愼	마음(心→忄)으로 참(眞)하지 않은 것은 삼가다(愼)

愼重(신중) : 삼가서 경솔하지 않음

어리석을 우	부수: 心　총 13획　필순: ノ 口 曰 禺 禺 禺 禺 愚 愚
愚	밭(田)에다 발자국(内)을 낸 짐승의 마음(心)은 어리석다(愚)

愚公移山(우공이산) : 끊임없이 노력하면 마침내 성취한다는 비유
愚民(우민) : 어리석은 백성
愚人(우인) : 어리석은 사람

장사지낼 장:	부수: 艹　총 13획　필순: ` ` 艹 艹 芁 苑 茐 葬 葬
葬	풀(艹)섶에서 죽은(死)시체를 팔짱끼(廾)듯이 여러 사람이 잘 모시며 장사지내다(葬)

葬禮(장:례) : 장사의 예식
葬事(장:사) : 장례 지내는 일
葬地(장:지) : 장사할 땅

3급 II 배정한자

실을 재	부수 : 車　　총 13 획　　필순 : 一 十 亠 吉 声 壹 壴 載 載 載
載	흙(土)을 수레(車)에다 창(戈)같은 도구로 파서 싣다(載)

登載(등재) : 서적에 올려 적음
滿載(만:재) : 가득 차게 실음
積載(적재) : 물건을 실음

나타날 저	부수 : ⺿　　총 13 획　　필순 : 丶 艹 艹 艹 芏 芏 荖 荖 著
著	풀(⺿)이란 놈(者)은 씨를 뿌리지 않아도 싹이 먼저 나타나다(著)

著名(저:명) : 이름을 나타냄
著書(저:서) : 책을 서술함
著述(저:술) : 책을 지음

자취 적	부수 : 足　　총 13 획　　필순 : 口 𠮷 𠯣 𠯪 足 趴 趴 趵 跡 跡
跡	발(足→𧾷)자국의 모양이 또(亦)있으니 발의 자취(跡)다

史跡(사:적) : 역사와 관계가 있는 곳
遺跡(유적) : 건물이나 사변 따위가 있었던 장소
筆跡(필적) : 손수 쓴 글씨의 형적

비칠 조	부수 : 火　　총 13 획　　필순 : 丨 冂 日 昭 昭 昭 昭 照 照 照
照	해(日)살이 칼(刀)날처럼 입(口)으로 소리치듯 불(火→灬)같이 비치다(照)

照明(조:명) : 밝게 비춤
落照(낙조) : 서쪽에 넘어가는 해
參照(참조) : 참고로 대어 봄

재촉할 최	부수 : 人　　총 13 획　　필순 : 丿 亻 亻 伀 俨 俨 俨 併 催 催
催	사람(人→亻)에게 뫼(山)위로 새(隹)가 높이 날 듯 일을 재촉하다(催)

催眠(최면) : 잠이 오게 함
開催(개최) : 어떤 모임을 주장하여 엶
主催(주최) : 어떠한 행사나 회합을 주장하여 엶

어릴 치	부수 : 禾　　총 13 획　　필순 : 丿 二 千 千 禾 利 秆 秆 稚 稚
稚	벼(禾)의 싹이 새(隹)꼬리처럼 작으니 어리다(稚)

稚孫(치손) : 어린 손자
稚魚(치어) : 어린 물고기
幼稚(유치) : 나이가 어림

3급Ⅱ 배정한자

탑 탑	부수 : 土	총 13 획	필순 : 土 圤 圹 圹 圹 垃 垯 垯 塔 塔
塔	흙(土)에다 마른 풀(++)을 썰어 합하(合)여 쌓은 것이 탑(塔)이다			

塔頭(탑두) : 탑의 꼭대기
燈塔(등탑) : 등대
寶塔(보탑) : 보배로 장식된 탑

단풍 풍	부수 : 木	총 13 획	필순 : 木 朷 机 机 机 枫 枫 楓 楓
楓	나무(木)잎이 선선해지는 가을 바람(風)에 단풍(楓)든다			

楓林(풍림) : 단풍나무 숲
丹楓(단풍) : 늦가을에 붉게 물든 나뭇잎

집 각	부수 : 門	총 14 획	필순 : 丨 冂 冂 門 門 門 閃 閃 閣 閣
閣	문(門)이 각각(各) 많이 나 있으니 큰 집(閣)이다			

閣議(각의) : 내각의 회의
閣下(각하) : 전각의 아래. 귀인의 대한 경칭
內閣(내:각) : 국무위원으로써 조직하여 행정권의 중추가 되는 합의체

벼리 강	부수 : 糸	총 14 획	필순 : 幺 糸 糸 紀 紀 網 網 網 網 網
綱	실(糸)이 그물(网→冂)을 뫼(山)봉우리처럼 지탱해 주는 것이 벼리(綱)다			

綱領(강령) : 일의 으뜸 되는 큰 줄거리
紀綱(기강) : 일의 대강. 나라를 다스리는 일
要綱(요강) : 중요한 근본이 되는 사항

적을 과:	부수 : 宀	총 14 획	필순 : 宀 宀 宀 宁 宁 宣 宣 宲 寡 寡
寡	집(宀)안에 재산을 머리(頁→百)수 대로 나누(分)니 각자에 몫이 적다(寡)			

寡婦(과:부) : 홀어미. 남편을 잃은 여자
寡少(과:소) : 적음
衆寡(중:과) : 사람의 수효의 많음과 적음

익숙할 관	부수 : 心(忄)	총 14 획	필순 : 丶 丶 忄 忄 忄 忄 忄 忄 慣 慣 慣
慣	마음(心→忄)속에 꿸(貫)정도니 모든 일에 익숙하다(慣)			

慣例(관례) : 관습이 된 전례
慣習(관습) : 관계가 아주 긴하고 가까움
慣行(관행) : 늘 행함

3급 II 배정한자

긴할 긴	부수 : 糸 　　총 14 획 　　필순 : ｢ ｢ ｢ ｢ ｢ ｢ 臣 臤 緊 緊 緊
緊	신하(臣)들이 또(又)한곳에 모여 실(糸)을 이어 매듯이 이야기 하니 사태가 긴하다(緊)

緊急(긴급) : 느슨함이 없이 켕김
緊密(긴밀) : 관계가 아주 긴하고 가까움
緊縮(긴축) : 아주 필요함. 매우 소중함

편안 녕	부수 : 宀 　　총 14 획 　　필순 : ｀ ｀ ｀ ｀ ｀ ｀ ｀ 宁 宓 寍 寧 寧
寧	집(宀)에서 마음(心)껏 그릇(皿)에 담아 먹을 수 있도록 장정(丁)이 일하니 집안이 편안(寧)하다

康寧(강녕) : 몸이 건강하고 마음이 편안함
安寧(안녕) : 탈 없이 무사함

대 대	부수 : 至 　　총 14 획 　　필순 : 一 十 土 吉 吉 専 壹 壹 臺 臺
臺	길한(吉)것으로만 덮어(冖)만들어 놓은 곳에 이를(至)수 있으니 대(臺)다

臺本(대본) : 영화나 연극의 각본
燈臺(등대) : 항로 표지의 한 가지
舞臺(무:대) : 연극을 연출하는 처소

장막 막	부수 : 巾 　　총 14 획 　　필순 : ｀ ｀ ｀ ｀ ｀ 苩 苩 莫 幕 幕
幕	물체를 없을(莫)정도로 가리는 수건(巾)같은 천이 장막(幕)이다

幕舍(막사) : 임시로 간단하게 꾸민 집
軍幕(군막) : 군대의 천막 따위
閉幕(폐:막) : 연극을 다 끝내고 막을 내림

넓을 막	부수 : 水(氵) 　　총 14 획 　　필순 : 氵 氵 氵 氵 氵 沽 滝 漠 漠
漠	물(水→氵)이 하나도 없을(莫) 정도로 모래밭이 넓다(漠)

漠漠(막막) : 넓고 멀어서 아득함
漠然(막연) : 고요한 모양
沙漠(사막) : 넓은 모래벌판이 이루어지고 암석이 노출하여 있는 불모의 지역

솜 면	부수 : 糸 　　총 14 획 　　필순 : ｀ ｀ ｀ 糸 糸 紗 紗 紳 綿 綿
綿	실(糸)이 흰(白) 수건(巾) 같은 천을 짜기 전이 솜(綿)이다

綿羊(면양) : 털이 많고 긴 양의 한 종류
綿織(면직) : 면사로 짬
純綿(순면) : 무명실만으로 짠 직물

3급Ⅱ 배정한자

새길 명	부수 : 金　　총 14 획　　필순 : ⺈ ⺊ ⺈ 亼 糸 金 鈊 銘 銘 銘
銘	쇠(金)에다 이름(名)이 오래 남도록 새기다(銘)

銘心(명심) : 마음에 새김
碑銘(비명) : 성명을 쓰거나 새김
座右銘(좌:우명) : 늘 자리 옆에 갖추어 두고 반성의 재료로 삼는 격언

모양 모	부수 : 豸　　총 14 획　　필순 : ⺈ ⺇ ⺈ 亅 豸 豸 豸 豸 貌 貌
貌	해태(豸)처럼 얼굴에 흰(白)것을 발라 어진사람(儿)의 모양(貌)을 내다 ※ 豸 : 발 없는 벌레 치, 해태 태

面貌(면:모) : 얼굴의 모양
美貌(미모) : 아름다운 얼굴모습
容貌(용모) : 얼굴 모습

꿈 몽:	부수 : 夕　　총 14 획　　필순 : ⺈ ⺊ ⺊ 芇 苫 苗 莔 夢 夢 夢
夢	풀(艹)섶 같은 속눈썹으로 눈(目→罒)을 덮을(冖)수 있게 감고 저녁(夕)부터 잠을 자며 꾸는 것이 꿈(夢)이다

夢想(몽상) : 꿈속에서 생각함
吉夢(길몽) : 좋은 조짐이 되는 꿈
惡夢(악몽) : 나쁜 꿈

어두울 몽	부수 : 艸(艹)　　총 14 획　　필순 : ⺈ ⺊ ⺈ 艹 艹 夢 夢 蒙 蒙 蒙
蒙	풀(艹)로 지붕을 해 덮어(冖)놓은 한(一)개의 돼지(豕)우리 안이 어둡다(蒙)

啓蒙(계:몽) : 어린 아이나 무식한 이를 깨우쳐줌
童蒙(동몽) : 어려서 아직 사리에 어두운 아이
幼蒙(유몽) : 어린아이

푸를 벽	부수 : 石　　총 14 획　　필순 : ⺈ ⺊ 王 王' 珀 珀 碧 碧 碧 碧
碧	구슬(玉→王)이 흰(白) 돌(石)처럼 깨끗하니 옥돌이며 색이 푸르다(碧)

碧溪(벽계) : 물빛이 매우 맑아 푸른빛이 도는 시내
碧空(벽공) : 푸른 하늘
碧眼(벽안) : 푸른 눈동자

모양 상	부수 : 人(亻)　　총 14 획　　필순 : 亻 亻' 伫 伫 伊 伊 伊 傪 像 像
像	사람(人→亻)들이 코끼리(象)의 이빨에다 예쁜 모양(像)을 내다

銅像(동상) : 구리로 만든 사람의 형상
想像(상:상) : 마음속으로 그리며 미루어 생각함
肖像(초상) : 사람의 용모, 자태를 그린 화상 또는 조상

3급 II 배정한자

치마 상	부수 : 衣　　총 14 획　　필순 : ⺌⺌⺌⺌⺌尚尚尚裳裳
裳	오히려(尙) 윗 옷(衣)까지 올려 입을 수 있으니 치마(裳)다

綠衣紅裳(녹의홍상) : 연두저고리에 다홍치마
衣裳(의상) : 겉에 입는 저고리와 치마

관청 서	부수 : 网(罒)　　총 14 획　　필순 : 罒罒罒罒罒罗罗罗署署
署	그물(网→罒)로 새나 고기를 잡듯 잘못한 놈(者)을 잡아 드리는 곳이 관청(署)이다

署理(서:리) : 공석 중에 있는 직무를 대리함
署長(서:장) : 관서의 우두머리
消防署(소방서) : 소방관을 두어 소방사무를 맡아보는 기관

쓸 수	부수 : 雨　　총 14 획　　필순 : 一一一一一雨雨雨雨需需
需	비(雨)가 말이을(而)듯이 내리니 농사일에 잘 쓰다(需)

需給(수급) : 수요와 공급
需要(수요) : 필요해서 구함
內需(내수) : 국내에서의 수요

목숨 수	부수 : 士　　총 14 획　　필순 : 一十士壴壴壹壹壽壽壽
壽	선비(士)는 한(一)평생 벼슬로 장인(工)은 한(一)평생 일을 하며 입(口)으로 한 마디(寸)씩 말할 수 있으니 살아 있는 목숨(壽)이다

壽命(수명) : 생물이 살아 있는 연한. 목숨
壽福(수복) : 오래 살며 복을 누림
長壽(장수) : 목숨이 긺

중 승	부수 : 人(亻)　　총 14 획　　필순 : 亻亻亻伫伫伫僧僧僧僧
僧	사람(人→亻)중 일찍(曾) 도를 깨우친 한 분이 중(僧)이다

僧舞(승무) : 중의 복색을 하고 추는 춤
僧房(승방) : 중의 거소
道僧(도승) : 도를 깨친 중

꾸밀 식	부수 : 食　　총 14 획　　필순 : 人人人合食食食飾飾飾
飾	밥(食)상을 사람(人→亻)이 수건(巾)같은 천을 깔고 예쁘게 꾸미다(飾)

假飾(가:식) : 언행을 거짓 꾸밈
修飾(수식) : 겉모양을 꾸밈
裝飾(장식) : 치장하여 꾸밈

3급 II 배정한자

옥 옥	부수 : 犬(犭) 총 14 획 필순 : 〃 犭 犭 犷 狆 猙 猙 獄 獄
獄	개(犬→犭)소리처럼 말씀(言)하는 사람을 개(犬)를 묶어 놓듯 가두는 곳이 옥(獄)이다

獄死(옥사) : 감옥에서 죽음
監獄(감옥) : 교도소의 전 이름
脫獄(탈옥) : 죄수가 감옥을 빠져 도망 함

벼리 유	부수 : 糸 총 14 획 필순 : 〃 幺 幺 糸 糹 糹 紆 紆 維 維
維	실(糸)로 새(隹) 잡는 그물 전체를 지탱하는 것이 벼리(維)다

維新(유신) : 세상만사가 바뀌어 새로워 짐
維持(유지) : 지탱하여 감

꾈 유	부수 : 言 총 14 획 필순 : 〃 言 言 言 計 詩 詩 誘 誘
誘	말씀(言)을 빼어날(秀) 정도로 하여 다른 사람을 꾀다(誘)

誘導(유도) : 달래어 이끎
誘引(유인) : 꾀어 냄
誘致(유치) : 꾀어서 이끌어 들임

사랑 자	부수 : 心 총 14 획 필순 : 〃 亠 丷 亠 玄 茲 慈 慈 慈
慈	검을(玄)정도로 검을(玄)정도로 보이지 않는 마음(心)에서 서서히 싹트는 것이 사랑(慈)이다

慈堂(자당) : 남의 어머니의 대한 경칭
慈母(자모) : 애정이 깊은 어머니
慈善(자선) : 불쌍히 여겨 은혜를 베풂

딸 적	부수 : 手 총 14 획 필순 : 〃 丨 扌 扌 扩 扩 扴 摘 摘 摘
摘	손(手→扌)으로 설(立→亠)수 있는 사다리를 놓고 멀(冂)리 달린 열매를 예(古)부터 그렇게 따다(摘)

摘要(적요) : 요점을 따서 적음
摘出(적출) : 꼬집어 들어냄. 폭로힘
指摘(지적) : 손가락질해 가리 킴

점점 점	부수 : 水 총 14 획 필순 : 〃 氵 冫 戸 戸 泪 湃 渖 漸 漸
漸	물(水→氵)흐르는 것같이 수레(車)바퀴에 치거나 도끼(斤)날에 비어 피가 점점(漸) 많이 흐르다

漸漸(점:점) : 천천히 나아가는 모양
漸進(점:진) : 점차로 나아감
漸次(점:차) : 차례를 따라 점점

3급 II 배정한자

가지런할 제	부수: 齊	총 14 획	필순: 亠亠十亣亦亦郝郝齊齊
齊	'보리'나 '밀' 따위의 이삭이 가지런히 패어 있는 모양을 본뜬 자		

均齊(균제) : 고루 가지런함
整齊(정:제) : 정돈하여 가지런히 함

찔 증	부수: 艸(++)	총 14 획	필순: 丶丷丼艹艹艹茀茀蒸蒸
蒸	풀(++) 한(一→丞)바가지와 물(水) 한(一)바가지를 솥에 넣고 불(火→灬)때서 찌다(蒸)		

蒸氣(증기) : 김. 수증기
蒸發(증발) : 액체 상태에 있는 물질이 그 표면에서 기체 상태로 변하는 일

푸를 창	부수: 艸(++)	총 14 획	필순: 丶丷丼艹艹苁苍蒼蒼蒼
蒼	풀(++)을 베어다 곳집(倉)에 쌓아 놓은 색이 푸르다(蒼)		

蒼空(창공) : 푸른 하늘
蒼白(창백) : 푸르스름함
蒼天(창천) : 푸른 하늘. 봄 하늘

호걸 호	부수: 豕	총 14 획	필순: 丶亠亡古古亨亨豪豪豪
豪	사람이 높을(高→高)정도로 성난 멧돼지(豕)처럼 모든 일에 씩씩하니 호걸(豪)이다		

豪傑(호걸) : 재덕이 뛰어난 사람
豪放(호방) : 걸걸하고 소탕함
豪雨(호우) : 줄기차게 내리는 비

넋 혼	부수: 鬼	총 14 획	필순: 二テ云䒑䒑䒑䒑魂魂魂
魂	두(二)번 씩이나 사사(厶)하게 귀신(鬼)이 행동하니 죽은 사람의 넋(魂)이다		

招魂(초혼) : 혼을 부름
忠魂(충혼) : 충의를 위해 죽은 사람의 넋
鬪魂(투혼) : 끝까지 투쟁하려는 기백

재앙 화	부수: 示	총 14 획	필순: 二テ示示 祀 祀 祸 祸 禍 禍
禍	보이(示)지 않는 신 앞에서 입삐뚤어진(咼)모양을 하고 말을 하니 재앙(禍)을 받다		

禍根(화:근) : 재앙의 근원
禍福(화:복) : 재앙과 복록
災禍(재화) : 재앙과 화난

3급Ⅱ 배정한자

그을 획	부수 : 刀(刂)　　총 14 획　　필순 : 一 厂 厂 币 聿 聿 昼 畫 畫 劃
劃	그림(畫) 그리듯이 칼(刀→刂) 끝으로 표시를 내기 위해 긋다(劃)

劃一(획일) : 一자를 그은 듯이 모두가 하나같음
劃定(획정) : 갈라 정함. 구획을 지음
計劃(계:획) : 꾀하여 미리 작정함

대개 개:	부수 : 木　　총 15 획　　필순 : 十 才 木 杉 杉 杵 栶 栶 椚 概
概	나무(木)그릇에 흰(白)밥을 담아 비수(匕)같은 숟가락으로 목멜(旡)정도로 대개(概)먹다　　　　　　　　　　※ 旡 : 목멜 기

概略(개:략) : 대강만을 추림
概論(개:론) : 전체의 대한 대강의 논설
概要(개:요) : 개략의 요지. 대체의 요점

칼 검:	부수 : 刀　　총 15 획　　필순 : 丿 𠆢 亼 仐 仐 僉 僉 劍 劍
劍	사람(人)을 한(一)곳으로 입(口)과 입(口)을 통하여 모이게 하고 사람(人)과 사람(人)에게 나누어주는 칼(刀→刂)이 싸우는 칼(劍)이다

劍客(검:객) : 검술을 잘 하는 사람
劍道(검:도) : 검술을 닦는 무동의 한 부문
劍法(검:법) : 검술에서 칼을 쓰는 법식

볏짚 고	부수 : 禾　　총 15 획　　필순 : ノ 一 千 チ 禾 禾 秆 秆 稿 稿
稿	벼(禾)를 높을(高)정도로 쌓아 놓은 것이 볏짚(稿)이다

稿料(고:료) : 저작물, 번역물 등의 대한 보수
原稿(원고) : 인쇄에 부치기 위해 쓴 초벌의 글, 그림
脫稿(탈고) : 원고 쓰기를 마침

너그러울 관	부수 : 宀　　총 15 획　　필순 : 丶 ㇀ 宀 宀 宀 宁 宵 宵 寛 寬
寬	집(宀)안에서 어릴(卝→艹)때부터 볼(見)수 있는 좋은 점(丶)같은 것만 가르치니 마음이 너그럽다(寬)　　　　※ 卝 : 어리다 관

寬待(관:대) : 너그럽게 대우함
寬容(관:용) : 너그럽게 받아드림
寬厚(관:후) : 너그럽고 인정이 후함

경기 기	부수 : 田　　총 15 획　　필순 : 丶 亠 幺 丝 丝 諡 諡 畿 畿 畿
畿	작고(幺) 작은(幺) 밭(田) 농사를 창(戈)같은 연장으로 지을 수 있으니 경기(畿)지방이다

京畿(경기) : 서울을 중심으로 한 가까운 주위의 땅

3급 II 배정한자

밟을 답	부수 : 足	총 15 획	필순 : 口 口 口 足 即 跙 跙 跭 踏 踏
踏	발(足→足)은 물(水→氵)이 흐르듯, 입으로 가로(曰)하듯 땅을 밟다(踏)			

踏査(답사) : 현장에 가서 살핌
踏山(답산) : 무덤 자리를 잡으려고 답사함

다락 루	부수 : 木	총 15 획	필순 : 十 十 木 栌 栌 栌 桵 楼 樓 樓
樓	나무(木)상자에 넣어 말(毋→⺚)도록 가운데(中)다 계집(女)이 잘 보관하는 곳이 다락(樓)이다			

樓閣(누각) : 사방을 바라볼 수 있게 높이 지은 집
樓下(누하) : 다락의 아래 층
望樓(망:루) : 적의 동정을 망보는 높은 대

밟을 리	부수 : 尸	총 15 획	필순 : ー コ 尸 尸 尸 屛 屛 屛 屛 履
履	주검(尸)에서 회복할(復)수 있었음을 더듬어 밟다(履)			

履歷(이:력) : 이제까지의 학업이나 직업에 대한 경력
履修(이:수) : 순서를 밟아 학과를 익히고 닦음
履行(이:행) : 실제로 행함

그릴 모	부수 : 心	총 15 획	필순 : ㅡ ㅗ ㅛ 艹 艹 莒 莫 荁 幕 慕 慕
慕	겉으로 사랑 할 수 없을(莫)때 마음(心→㣺)속으로 그리다(慕)			

思慕(사모) : 정을 들이어 애틋하게 그리워함
愛慕(애:모) : 사랑하고 사모함
追慕(추모) : 죽은 사람을 사모함

무리 배	부수 : 車	총 15 획	필순 : ㅣ ㅑ 非 非 非 非 輩 輩 輩 輩
輩	사람들은 아니(非) 보이고 수레(車)만 무리(輩)져 있다			

輩出(배:출) : 인재가 연달아 나옴
先輩(선배) : 자기 출신학교를 먼저 졸업한 이
後輩(후:배) : 학문, 덕행, 경험 나이 등이 자기보다 낮거나 늦은 무리

실마리 서	부수 : 糸	총 15 획	필순 : 幺 幺 糸 糸 紵 紵 紵 緒 緒 緒
緒	실(糸)을 쓰기 위하여 놈(者)인 사람이 실마리(緒)를 찾다			

緒論(서:론) : 본론의 머리말이 되는 논설
緒言(서:언) : 논설의 발단으로서 하는 말
情緒(정서) : 어떤 사물 또는 경우에 부딪쳐 일어나는 온갖 감정, 상념

3급 II 배정한자

익을 숙	부수 : 火(灬)　총 15 획　필순 : 亠 ㆍ 古 亨 亨 享 孰 孰 孰 熟
熟	머리부분(亠)까지도 입(口)으로 아들(子)이 먹기 좋게 아홉(九)개로 점(ㆍ)만 하게 잘라 불(火→灬)위에 놓으니 익다(熟)

熟達(숙달) : 익숙하여 통달함
熟練(숙련) : 익숙함
熟知(숙지) : 익히 앎

살필 심	부수 : 宀　총 15 획　필순 : 宀 宀 宀 宀 宀 宊 宷 審 審 審
審	집(宀)안을 차례(番)대로 구석구석 잘 살피다(審)

審理(심:리) : 자세히 조사함
審問(심:문) : 상세히 따져서 물음
審査(심:사) : 상세히 조사함

그림자 영	부수 : 彡　총 15 획　필순 : 丨 冂 日 日 早 를 몼 몾 景 影
影	볕(景)이 물체에 비치니 터럭(彡)붓으로 희미하게 그린 것처럼 옆에 나타난 것이 그림자(影)다

影印本(영:인본) : 사진 따위로 찍어 원본과 같이 만든 책
圓影(원영) : 달의 딴 이름
投影(투영) : 물체가 비치는 그림자

욕심 욕	부수 : 心　총 15 획　필순 : ㆍ ㆍ ㇏ 含 谷 谷 欲 欲 慾 慾
慾	하고자할(欲)것이 마음(心)속에 가득 차니 욕심(慾)이다

慾求(욕구) : 욕심껏 구함
慾望(욕망) : 하고자 하거나 간절히 바람
慾心(욕심) : 하고자 하거나 가지고 싶어 하는 마음

근심 우	부수 : 心　총 15 획　필순 : 一 丆 丙 百 百 恧 愿 憂 憂 憂
憂	머리(頁→百)속이 덮여(冖)오며 마음(心)에서 천천히걷(夂)는 것처럼 생겨나니 근심(憂)이다

憂國(우국) : 나라를 걱정함
憂慮(우려) : 걱정함. 염려함
憂愁(우수) : 근심. 근심함

불을 윤	부수 : 水(氵)　총 15 획　필순 : 氵 氵 氵 沪 泗 润 润 潤
潤	댐의 물(水→氵) 문(門)을 닫으니 임금(王)이 나라를 번성하게 하는 것처럼 물이 불다(潤)

潤氣(윤:기) : 윤택한 기운

3급 II 배정한자

잠깐 잠:	부수 : 日	총 15 획	필순 : 一 日 戸 車 車' 斬 斬 斬 暫 暫
暫	수레(車)에다 도끼(斤)같은 무기를 싣고와 적과 싸우는 날(日)을 잠깐(暫) 미루다			

暫時(잠:시) : 짧은 시간
暫定(잠:정) : 일시의 안정

잠길 잠:	부수 : 水	총 15 획	필순 : 氵 氵 氵' 氵' 氵' 潛 潛 潛 潛
潛	물(水→氵)에서 목멜(旡) 목멜(旡)정도로 가로(曰)할 수 없으니 물 속에 잠기다(潛)			

潛伏(잠복) : 드러나지 않게 숨어 있음
潛水(잠수) : 물 속으로 들어감
潛入(잠입) : 남 몰래 숨어 듦

미울 증	부수 : 心	총 15 획	필순 : 忄 忄' 忄' 忄'' 忄'' 忄'' 憎 憎
憎	상대방의 나쁜 마음(心→忄)이 일찍(曾) 찾아드니 밉다(憎)			

憎惡(증오) : 미워함. 싫어함
愛憎(애:증) : 사랑과 미움

부를 징	부수 : 彳	총 15 획	필순 : 彳 彳' 彳' 彳' 律 徨 徨 徵 徵
徵	자축거리(彳)며 뫼(山)속으로 가 한(一)놈의 악함까지도 제거하기 위해 임금(王)이 칠(攵)수 있는 자를 부르다(徵)			

徵兵(징병) : 군사를 불러 냄
徵集(징집) : 사람을 불러 모음
徵表(징표) : 조짐

천할 천:	부수 : 貝	총 15 획	필순 : 丨 冂 冃 目 貝 貝' 貝' 賎 賎 賤
賤	조개(貝)를 창(戈)과 창(戈)같은 도구로 까는 사람은 신분이 천하다(賤)			

賤待(천:대) : 업신여겨 푸대접함
賤視(천:시) : 업신여김
貴賤(귀:천) : 부귀와 빈천

밟을 천:	부수 : 足	총 15 획	필순 : 口 甲 甲 呈 足 趺 趺 践 踐
踐	발(足→⻊)이 빠지는 곳에 군졸들이 창(戈)과 창(戈)을 놓고 건너기 위해 밟다(踐)			

實踐(실천) : 실지로 이행함

3급 II 배정한자

통할 철	부수: 彳	총 15 획	필순: 彳 彳 彳 彳 徝 徝 徝 徹 徹
徹	자축거리(彳)며 걸을 때부터 기를(育)때는 회초리로 치(攵)듯 해야 사리에 잘 통하다(徹)			

徹夜(철야) : 밤을 샘. 밤샘
徹底(철저) : 속속들이 꿰뚫어 미치어서 부족함이나 빈틈이 없음
貫徹(관철) : 어려움을 뚫고 나아가 목적을 이룸

찌를 충	부수: 行	총 15 획	필순: 彳 彳 彳 衍 衍 衝 衝 衝 衝 衝
衝	자축거리(彳)며 무거울(重)정도의 창을 들고 자축거리(亍)며 가서 적을 찌르다(衝)			

衝激(충격) : 서로 세차게 부딪침
衝突(충돌) : 서로 부딪침
衝動(충동) : 높이 솟아 하늘을 찌름

취할 취	부수: 酉	총 15 획	필순: 一 ㄇ 兯 酉 酉 酔 酔 醉 醉
醉	술(酉)단지에 술을 마칠(卒)때까지 마시니 취하다(醉)			

醉客(취:객) : 술에 취한 사람
醉氣(취:기) : 술에 취하여 얼근한 기운
醉中(취:중) : 술에 취한 동안

폐단 폐	부수: 廾	총 15 획	필순: ′ ″ ‴ 广 内 甶 敝 敝 弊
弊	작을(小→⺌)정도로 멀(冂)리 있는 작은(小)것을 칠(攵)수 없어 팔짱끼(廾)고 바라만 보니 일에 폐단(弊)이 있다			

弊家(폐:가) : 황폐한 집
弊端(폐:단) : 폐해를 가져오는 단서
弊習(폐:습) : 나쁜 버릇

슬기로울 혜	부수: 心	총 15 획	필순: ″ ″ 彐 圭 彗 彗 彗 彗 慧 慧
慧	세(三)개를 뚫고(丨) 세(三)개를 뚫어(丨) 손(ヨ)과 마음(心)으로 예쁘게 만드니 지혜가 슬기롭다(慧)			

慧性(혜:성) : 민첩하고 총명한 성질
慧心(혜:심) : 슬기로운 마음
慧智(혜:지) : 총명한 슬기

비단 금	부수: 金	총 16 획	필순: ′ ⺍ ⺍ 全 金 金 鈩 鉑 錦 錦
錦	쇠(金)처럼 비싼 흰(白) 수건(巾)같은 천이 비단(錦)이다			

美錦(미금) : 질이 좋은 비단

3급 II 배정한자

허락할 낙	부수 : 言	총 16 획	필순 : 一 亠 言 言 訁 訝 訝 詳 諾 諾
諾	말씀(言)으로 상대방과 생각이 같을(若)때 허락하다(諾)		

受諾(수락) : 요구를 받아 들여 승낙함
承諾(승낙) : 청하는 바를 들어 줌
許諾(허락) : 청하는 일을 들어 줌

책력 력	부수 : 日	총 16 획	필순 : 一 厂 厂 厂 厈 厈 厈 厤 厤 曆
曆	언덕(厂)밑 굴에다 벼(禾)와 벼(禾)를 넣어 둔 날(日)을 표시해 두는 곳이 책력(曆)이다		

曆書(역서) : 책력
曆日(역일) : 책력에서 정한 날
陽曆(양력) : 태양력

의뢰할 뢰	부수 : 貝	총 16 획	필순 : 一 口 中 束 束 剌 剌 賴 賴 賴
賴	묶을(束)수 있는 짐을 질(負)수 있을 만큼만 의뢰하다(賴)		

信賴(신:뢰) : 믿고 의지함
依賴(의뢰) : 남에게 의지

꾀 모	부수 : 言	총 16 획	필순 : 一 亠 言 言 訡 訡 詸 詸 謀 謀
謀	말씀(言)을 달(甘)콤한 나무(木) 열매처럼 해서 남을 꾀다(謀)		

謀略(모략) : 계교를 꾸밈
謀事(모사) : 일을 꾀함
謀議(모의) : 일을 계획하여 그 계책을 의논함

잠잠할 묵	부수 : 黑	총 16 획	필순 : 丨 口 日 甲 里 里 黑 黙 黙 黙
黙	검을(黑)정도로 어두운 밤에 한 마리의 개(犬)도 짖지 않으니 주위가 잠잠하다(黙)		

黙過(묵과) : 묵묵히 지나침
黙念(묵념) : 잠잠히 생각함
黙讀(묵독) : 소리 없이 읽음

떨칠 분:	부수 : 大	총 16 획	필순 : 一 ナ 大 本 在 奄 奄 奪 奮 奮
奮	큰(大) 새(隹)가 밭(田)에 앉아다 날려고 날개를 떨치다(奮)		

奮發(분:발) : 떨치고 일어남
奮鬪(분:투) : 분발하여 싸움
興奮(흥분) : 마음이 벌컥 일어나 동함

3급 II 배정한자

보낼 수	부수 : 車	총 16 획	필순 : 一 冂 亘 車 軒 軒 軩 輪 輸
輸	수레(車)로 실어와 다른 곳으로 들(入)어 갈 물건을 한(一) 배(舟→月)에 실어 큰도랑(巛)같은 물길을 따라 보내다(輸) ※ 巛 : 큰도랑 괴		

輸送(수송) : 사람이나 물건을 실어 보냄
輸血(수혈) : 남의 피를 혈관으로 넣는 일
運輸(운:수) : 여객이나 화물을 날라 보내는 일

따를 수	부수 : 阜(阝)	총 16 획	필순 : 丨 阝 阝¯ 阝产 阝产 阵 隋 隋 隨 隨
隨	언덕(阜→阝)처럼 높은 분을 왼쪽(左)에서 몸(肉→月)을 보호하기 위해 쉬엄쉬엄가(辵→辶)며 따르다(隨)		

隨時(수시) : 그때그때. 때때로
隨行(수행) : 따라 감
夫唱婦隨(부창부수) : 남편이 주장하고 아내가 이에 잘 따르는 것이 가정에 있어서의 부부 사이의 도리라는 뜻

생각할 억	부수 : 心	총 16 획	필순 : ' '' 忄 忄¯ 忄产 忄产 忄意 忄意 憶 憶
憶	마음(心→忄)속으로 뜻(意)을 생각하다(憶)		

記憶(기억) : 잊지 않고 외워 둠
追憶(추억) : 지나간 일이나 가버린 사람을 돌이켜 생각함

이를 위	부수 : 言	총 16 획	필순 : ' 言 言 言 訂 訂 謂 謂 謂
謂	윗 사람의 말씀(言)이 밭(田)에서 나온 곡식을 먹어야 몸(肉→月)에 좋다고 이르다(謂)		

可謂(가:위) : 말하자면. 과연
所謂(소:위) : 이른 바. 세상에 말하는 바

모두 제	부수 : 言	총 16 획	필순 : 言 言 訐 訐 訞 諸 諸 諸 諸
諸	말씀(言)으로 놈(者)인 사람 모두(諸)에게 전하다		

諸國(제국) : 여러 나라
諸君(제군) : 여러분. 그대들
諸般(제반) : 여러 가지

못 택	부수 : 水	총 16 획	필순 : 氵 氵 汀 汀 汨 浬 浬 澤 澤 澤
澤	물(水→氵)을 눈(目→罒)으로 다행(幸)히 바라 볼 수 있으니 못(澤)이다		

德澤(덕택) : 덕이 남에게 미치는 은혜
潤澤(윤:택) : 아름답게 번쩍이는 빛
惠澤(혜:택) : 은혜와 덕택

3급 II 배정 한자

가로 횡	부수 : 木 　 총 16 획 　 필순 : 十 才 木 栏 栏 栏 楷 横 横 横
橫	나무(木)가 누를(黃)정도로 색을 띠고 있으니 가로(橫)놓여 있다

橫斷(횡단) : 가로 끊음
橫列(횡렬) : 가로 늘어 섬
橫暴(횡포) : 제멋대로 굴며 몹시 거칠고 사나움

놀이 희	부수 : 戈 　 총 16 획 　 필순 : 丨 广 卢 卢 虍 虛 虗 虘 戲 戲
戲	빈(虛)공간에서 창(戈)같은 도구를 가지고 놀이(戲)하다

戲曲(희곡) : 연극 대본
戲劇(희극) : 연극
戲弄(희롱) : 장난으로 놀림

간절할 간	부수 : 心 　 총 17 획 　 필순 : 丶 丿 夕 夕 豸 豸 𧰨 𧰨 懇 懇
懇	해태(豸)에게 쾌이름(艮)을 대며 비는 마음(心)이 간절하다(懇)

懇曲(간곡) : 간절하고 극진함
懇切(간절) : 간곡하고 지성스러움
懇請(간청) : 간절히 청함

겸손할 겸	부수 : 言 　 총 17 획 　 필순 : 言 言 訁 詳 詳 詳 詳 謙 謙 謙
謙	말씀(言)이 학식과 인격을 겸할(兼)정도니 모든 일에 겸손하다(謙)

謙辭(겸사) : 겸손한 말
謙稱(겸칭) : 겸손하게 일컬음
謙虛(겸허) : 허심하게 자기를 낮춤

집 관	부수 : 食 　 총 17 획 　 필순 : 丶 丷 乄 亽 食 食 食 館 館 館
館	밥(食)을 먹으며 벼슬(官)아치들이 지내는 좋은 집(館)을 뜻한 자

館舍(관사) : 저택
公館(공관) : 정부 고관의 공적 저택
大使館(대사관) : 대사가 주재국에서 사무를 처리하는 곳

힘쓸 려	부수 : 力 　 총 17 획 　 필순 : 厂 厂 厂 厅 戶 戶 屛 屬 厲 勵
勵	언덕(厂)밑에서 광석을 캐기 위해 일만(萬)의 힘(力)을 드려 일에 힘쓰다(勵)

督勵(독려) : 감독하여 장려 함
勉勵(면:려) : 힘써 함
獎勵(장:려) : 권하여 힘쓰게 함

3급II 배정한자

연이을 련	부수: 耳	총 17 획	필순: 「 ｢ 耳 耵 聃 聃 聯 聯 聯
聯	귀(耳)속으로 작고(幺) 작은(幺)소리가 쌍상투(丱)처럼 연이을(聯)정도로 들려오다 ※ 丱 : 쌍상투 관		

聯關(연관) : 이어짐. 연결됨
聯立(연립) : 연합하여 섬
聯盟(연맹) : 공동 목적을 위해 동일한 행동을 취할 것을 맹약함

쇠불릴 련:	부수: 金	총 17 획	필순: 丿 ㅅ 午 쇠 釒 鈩 鈩 鈩 鍊 鍊
鍊	쇠(金) 한(一)개를 눈(目→罒)으로 보며 구멍도 뚫고(丨), 여덟(八)번씩이나 두드려 연장 만들기 위해 쇠불리다(鍊)		

鍊金(연:금) : 쇠를 단련함
鍊武(연:무) : 무예를 연마함
訓鍊(훈:련) : 무술을 연습함

고개 령	부수: 山	총 17 획	필순: ' 山 山 屵 崕 嵤 嶺 嶺 嶺
嶺	뫼(山)에서 병졸을 거느리(領)고 간신히 넘을 수 있으니 큰 고개(嶺)다		

嶺東(영동) : 강원도 태백산맥의 동쪽 지역
嶺西(영서) : 강원도 대관령의 서쪽 지역
山嶺(산령) : 산봉우리

임할 림	부수: 臣	총 17 획	필순: ' ' 丨 丬 三 Ꭼ Ꭼ' 臣' 臣ㅗ 臨 臨
臨	신하(臣) 앞에서 사람(人→亻)들이 허리를 구부리듯 물건(品)을 살펴보기 위해 임하다(臨)		

臨檢(임검) : 현장에 나가 조사함
臨機應變(임기응변) : 정세의 변화에 응하여 그때그때 잘 처리하는 일
臨終(임종) : 죽음에 임함

엷을 박	부수: 水	총 17 획	필순: 艹 氵 汁 莎 萢 蓮 薄 薄 薄
薄	풀(艹)이 물(水→氵)위에서 크(甫)게 자라니 마디(寸)마디에 난 잎이 엷다(薄) ※ 甫 : 크다 보		

薄待(박대) : 푸대접
薄利(박리) : 적은 이익
薄命(박명) : 기구한 운명

번성할 번	부수: 糸	총 17 획	필순: 丿 亠 卄 甘 每 敏 敏 繁 繁 繁
繁	매양(每) 치(攵)듯 힘써 실(糸)을 만들어 내니 생활이 번성하다(繁)		

繁盛(번성) : 번영하고 기운이 왕성해짐
繁榮(번영) : 번성함
繁昌(번창) : 한창 잘 되어 성함

3급II 배정한자

서리 상	부수 : 雨　　　총 17 획　　　필순 : ⻗⻗⻗霏霏霜霜霜霜
霜	비(雨→⻗)줄기와 서로(相)닿은 것이 가을에 내리는 서리(霜)다

霜降(상강) : 추분과 입동 사이에 있는 절기
霜雪(상설) : 서리와 눈
秋霜(추상) : 가을의 찬 서리

눈깜짝할 순	부수 : 目　　　총 17 획　　　필순 : 丨冂目目盱盱盱睁瞬瞬
瞬	눈(目)이 손톱(爫)모양같이 덮을(冖)때 어그러지(舛)듯 보이니 눈깜짝할(瞬) 때다

瞬間(순간) : 눈 깜짝할 사이와 같이 극히 짧은 동안
瞬息間(순식간) : 눈 깜짝하거나 숨 한번 쉴 사이와 같이 극히 짧은 시간
一瞬(일순) : 눈 깜짝할 동안

날개 익	부수 : 羽　　　총 17 획　　　필순 : 刁羽羿翌翌翠翼翼
翼	깃(羽)이 서로 다른(異) 반대쪽에 붙어 있으니 날개(翼)다

翼卵(익란) : 새가 알을 품음
右翼(우:익) : 날개. 도와 받드는 사람
左翼(좌:익) : 비행기 따위의 왼쪽 날개. 급진적 혁명파

세로 종	부수 : 糸　　　총 17 획　　　필순 : 幺糸糸紓紓紓緃縱縱
縱	실(糸)의 끝부터 앞으로 좇다(從)보니 세로(縱)로 놓여 있다

縱斷(종단) : 세로로 끊음
縱隊(종대) : 세로로 줄을 지어 선 대형
縱線(종선) : 세로로 그은 줄

돌아올 환	부수 : 辵(辶)　총 17 획　　　필순 : 口罒罒甼景景還還
還	눈(目→罒)으로 한(一)번 보고 입(口)으로 말하며 옷(衣→衤)을 가지고 쉬엄쉬엄가(辵→辶)듯 돌아오다(還)

還國(환국) : 제 나라로 돌아 옴
還給(환급) : 물건을 도로 돌려 줌
還鄕(환향) : 고향으로 돌아 감

얻을 획	부수 : 犬(犭)　총 17 획　　　필순 : 丿犭犭犷犷犷猎猎獲
獲	개(犬→犭)가 총이나 화살에 맞아 풀(艹)속에 떨어진 새(隹)를 찾아오니 또(又) 하나를 얻다(獲)

獲得(획득) : 손에 넣음
漁獲(어획) : 수산물을 잡거나 뜯음

3급Ⅱ 배정한자

두(쌍) 쌍	부수 : 隹	총 18 획	필순 : 亻 亻 亻 亻 亻 隹 雔 雙 雙
雙	새(隹)곁에 새(隹)가 또(又) 있으니 두(雙)마리다		

雙童(쌍동) : 한 태아에서 나온 두 아이
雙方(쌍방) : 두 편
雙眼鏡(쌍안경) : 망원경

낯 안	부수 : 頁	총 18 획	필순 : 亠 亠 亠 亠 立 产 彦 彦 顔 顔
顔	서(立→产)있는 듯 언덕(厂)아래로 터럭(彡)이 자라는 머리(頁) 한 부분이 낯(顔)이다		

顔料(안료) : 화장품. 도료
顔面(안면) : 얼굴
顔色(안색) : 얼굴에 나타나는 기색

감출 장	부수 : ⺾	총 18 획	필순 : ⺾ 广 广 萨 薛 薛 藏 藏 藏
藏	풀(⺾)숲에다 나무조각(爿)으로 짠 상자에 창(戈)을 넣어 무사인 신하(臣)들이 감추다(藏)		

藏本(장본) : 장서
藏置(장치) : 넣어 둠
所藏(소장) : 간수하여 보관하여 둔 물건

자취 적	부수 : 足	총 18 획	필순 : 足 趵 趵 趵 跨 蹟 蹟 蹟
蹟	발(足→⻊)에 꾸짖을(責)때 회초리 자국이 때린 자취(蹟)다		

史蹟(사적) : 역사와 관계있는 곳
筆蹟(필적) : 손수 쓴 글씨의 형적

진압할 진	부수 : 金	총 18 획	필순 : 亠 亠 车 金 金 鈩 鉬 鎮 鎮 鎮
鎭	쇠(金)로 만든 무기로 참(眞)되게 상대를 진압하다(鎭)		

鎭壓(진:압) : 진정하여 위압함
鎭痛(진:통) : 아픈 것을 진정 시킴
鎭火(진:화) : 화재를 꺼서 잡음

주춧돌 초	부수 : 石	총 18 획	필순 : 一 厂 石 石 矿 砷 碰 礎 礎
礎	돌(石)이 나무(木)와 나무(木)를 세울 수 있게 발(疋)역할을 하니 주춧돌(礎)이다		

礎石(초석) : 주춧돌
礎材(초재) : 주추에 쓰이는 목재나 석재
基礎(기초) : 집의 밑바닥

3급 II 배정한자

무너질 괴:	부수 : 土	총 19 획	필순 : 土 圹 圹 圹 坤 壊 壊 壞 壞
壞	쌓아 놓은 흙(土)이 머리부분(亠)부터 눈(目→罒)구멍처럼 뚫린(丨)곳으로 점(冫)같이 흘러내려 겉에 옷(衣→𧘇)입히듯 막아도 무너지다(壞)		

壞滅(괴:멸) : 무너뜨려 멸함
壞血病(괴혈병) : 피부 등에서 피가 나오게 되는 병
破壞(파괴) : 깨뜨림

문서 부:	부수 : 竹	총 19 획	필순 : ⺮ 笧 笧 笧 簿 簿 簿 簿 簿
簿	대(竹)끝에 먹 물(水→氵)을 묻혀 한(一)자 씩 쓸(用)수 있는 점(丶)같은 글자 한 마디(寸)한 마디가 이루어진 것이 문서(簿)다		

簿記(부기) : 장부에 써넣음
帳簿(장:부) : 금품의 수입 지출을 기록하는 책

짐승 수	부수 : 犬	총 19 획	필순 : ⺌ 兴 兴 罒 嘼 嘼 嘼 獸 獸
獸	입(口)과 입(口)을 벌리고 다니다 풀 밭(田)에서 한(一)번씩 입(口)으로 개(犬)가 짖으니 들짐승(獸)때문이다		

獸心(수심) : 짐승과 같은 마음
獸醫(수의) : 가축의 병을 고치는 의사
禽獸(금수) : 날짐승과 길짐승

운 운:	부수 : 音	총 19 획	필순 : 立 咅 音 音 韵 韵 韵 韻 韻 韻
韻	소리(音)를 여러 인원(員)이 한번에 내니 사방으로 울리듯 운(韻)다		

韻文(운:문) : 시부와 같이 구 말에 운을 다는 글
韻字(운:자) : 운간에 쓰이는 문자
韻致(운:치) : 풍치. 흥치

도울 찬:	부수 : 貝	총 19 획	필순 : ⺊ ⺊ ⺊ 夫 夫 枒 扶 替 贊
贊	남보다 먼저(先) 먼저(先)다른 사람을 조개(貝)로 만든 재물을 팔아서 돕다(贊)		

贊成(찬:성) : 도와서 함께 함
贊助(찬:조) : 찬동하여 도와 줌
贊意(찬:의) : 찬성하는 뜻

품을 회	부수 : 心(忄)	총 19 획	필순 : 忄 忄 忄 忄 忄 忄 忄 忄 懷 懷
懷	마음(心→忄)에다 생각(褱)을 품다(懷) ※ 褱 : 생각 회		

懷古(회고) : 지나간 일을 돌이켜 생각함
懷柔(회유) : 어루만져 잘 달램
懷疑(회의) : 의심을 품음

3급 II 배정한자

화로 로	부수 : 火　　총 20 획　　필순 : ⼂⼃ナ ⽕ ⽕ 炉 炉 爐 爐 爐
爐	불(火)을 호피무늬(虍)같은 것에 풀 밭(田)에서 땔감을 해다 때서 담는 그릇(皿)이 화로(爐)다

爐頭(노두) : 화로가
香爐(향로) : 향을 피우는데 쓰는 자그마한 화로
火爐(화:로) : 숯불을 담아 두는 그릇

이슬 로	부수 : 雨　　총 20 획　　필순 : 雨 雷 雷 雷 露 露 露 露 露
露	비(雨)방울 같은 것이 길(路)가 풀 섶에 맺혀 있는 것이 이슬(露)이다

露宿(노:숙) : 집 밖에서 잠. 한데서 잠
露店(노:점) : 한데에 내는 가게
露出(노:출) : 겉으로 드러남

풀 석	부수 : 釆　　총 20 획　　필순 : ⼃ 釆 釆 釈 釈 釋 釋 釋 釋
釋	분별할(釆)것을 눈(目→罒)으로 잘 살피며 다행(幸)이 싸놓은 것을 풀다(釋)

釋放(석방) : 가두었던 사람을 풀어놓아 내 보냄
釋然(석연) : 미심쩍은 것이 확 풀려 개운한 모양
釋典(석전) : 불교의 경전

되살아날 소	부수 : ⺿　　총 20 획　　필순 : ⼀ ⼀ ⺿ ⺿ 苗 苗 蒞 蘇 蘇
蘇	풀(⺿)인 채소와 물고기(魚)와 벼(禾)를 찧은 쌀로 음식을 해서 먹으니 기운이 되살아나다(蘇)

蘇生(소생) : 다시 살아남
蘇息(소식) : 숨을 돌려서 쉼
蘇鐵(소철) : 꿩 깃 모양의 잎이 줄기 위에 돌려 남

흙덩이 양	부수 : 土　　총 20 획　　필순 : 土 圹 圹 坤 坤 壌 壤 壤 壤
壤	흙(土)을 머리부분(亠)모양과 입(口)과 입(口)모양처럼 우물(井)가에서 옷(衣)에 물히며 흙덩이(壤)를 뭉치다

壤土(양토) : 경작에 알맞은 땅
擊壤(격양) : 옛날 중국에서 행하던 유희의 하나
土壤(토양) : 땅

번역할 역	부수 : 言　　총 20 획　　필순 : ⼂ ⼀ 訁 訳 訳 譯 譯 譯 譯
譯	다른 나라 말씀(言)을 눈(目→罒)으로 잘 살피고 다행(幸)히 우리말로 번역하다(譯)

譯官(역관) : 통역관
譯書(역서) : 번역한 책
譯解(역해) : 원문을 번역하고 또 풀이함

3급 II 배정한자

닿을 촉	부수 : 角	총 20 획	필순 : ⺈ ⺈ 角 角 角 触 触 觸 觸 觸

觸 뿔(角)이 있어 그물(网→罒)에 싸(勹)놓은 벌레(虫)들이 서로 닿다(觸)

觸感(촉감) : 물건의 스친 느낌
觸發(촉발) : 일을 당하여 느낌이 일어남
觸手(촉수) : 하등 동물의 촉각을 맡은 기관

드릴 헌 :	부수 : 犬	총 20 획	필순 : ` ⺊ ⺊ 广 庐 虍 虐 獻 獻 獻

獻 호피무늬(虍)모양이 그려져 있는 다리굽은솥(鬲)에다 개(犬)요리를 해서 웃어른께 드리다(獻)

獻金(헌:금) : 돈을 바침
獻納(헌:납) : 물건을 바침
獻身(헌:신) : 신명을 아끼지 않고 전력을 다함

달 현 :	부수 : 心	총 20 획	필순 : ⺈ ⺈ 早 県 県 県 縣 縣 懸 懸

懸 눈(目)에 띄게 한(一→ㄴ)개의 작은(小)물체를 삐칠(丿)듯 기울게 실(糸)로 여러 사람이 마음(心)으로 생각하며 보게 달다(懸)

懸燈(현:등) : 등불을 높이 매닮
懸賞(현:상) : 상을 걺
懸板(현:판) : 글씨, 그림을 새겨서 다는 널조각

난간 란	부수 : 木	총 21 획	필순 : 木 柙 柙 柙 欗 欗 欗 欗 欄

欄 나무(木)가 문(門)살 같이 생겨 나무(木)를 눈(目→罒)으로 살펴보니 계단 옆에 세운 난간(欄)이다

欄干(난간) : 누각이나 층계나 다리의 가장자리를 막는 물건
欄外(난외) : 난간 밖
空欄(공란) : 지면의 빈 칸

난초 란	부수 : ⺿	총 21 획	필순 : ⺿ 广 广 芦 門 繭 繭 繭 蘭 蘭

蘭 풀(⺿)싹 같은 것을 문(門)앞에서 나무(木)를 눈(目→罒)으로 살피며 기르듯, 정성껏 기르는 것이 난초(蘭)다

蘭房(난방) : 깨끗하고 좋은 향기가 나는 방
蘭草(난초) : 난초과에 속하는 다년초
金蘭(금란) : 金蘭之交(금란지교)의 준말

기릴 예 :	부수 : 言	총 21 획	필순 : ⺈ ⺈ ⺈ 臼 𦥑 鈰 與 與 譽 譽

譽 상을 줄(與)때 좋은 말씀(言)을 하며 그 공을 기리다(譽)

名譽(명예) : 이름 높은 평판
榮譽(영예) : 빛나는 명예
稱譽(칭예) : 칭찬하여 기림

3급 II 배정한자

학 학	부수 : 鳥　　총 21 획　　필순 : ー ナ ＊ 隺 隺 隺 鶴 鶴 鶴
鶴	나무 위를 덮을(冖)듯 새(隹)도 아닌 새(鳥)가 앉아 있으니 학(鶴)이다

鶴舞(학무) : 학 춤
鶴首苦待(학수고대) : 학처럼 목을 길게 빼고 기다림
群鷄一鶴(군계일학) : 많은 범용한 사람들 중에 뛰어난 한 사람을 이르는 말

거울 감	부수 : 金　　총 22 획　　필순 : 金 鈩 鈩 鈩 鉮 鉮 鑑 鑑 鑑
鑑	쇠(金)를 잘 갈고 닦아 얼굴을 볼(監)수 있게 만든 것이 거울(鑑)이다

鑑賞(감상) : 예술 작품을 음미함
鑑識(감식) : 감정하여 식별함
鑑定(감정) : 사물의 진부와 좋고 낮음을 분별함

엄습할 습	부수 : 衣　　총 22 획　　필순 : 亠 产 音 音 育 竜 龍 龍 龍 襲
襲	용(龍)이 하늘로 오를 때 천둥, 번개, 비를 내리며 옷(衣)과 마음을 엄습하다(襲)

襲擊(습격) : 느닷없이 엄습하여 침
空襲(공습) : 항공기로 공중에서 습격함
急襲(급습) : 갑자기 습격함

오장 장:	부수 : 肉(月)　　총 22 획　　필순 : 月 月' 月' 庁 庁 臓 臓 臓 臓
臟	몸(肉→月)속에 감출(藏)수 있는 것이 오장(臟)이다

臟器(장:기) : 내장의 기관
內臟(내:장) : 인류의 흉복강 내에 있는 여러 기관
五臟(오:장) : 폐, 심장, 비장, 간장, 신장의 다섯 가지 내장

울릴 향:	부수 : 音　　총 22 획　　필순 : ＇ ン ＊ ゞ 夕 夕 夕 夕 郷 響
響	고향인 시골(鄕)에서 어릴 때 소리(音)가 눈을 감고 있으면 귀가에 울리다(響)

鼓響(고향) : 북소리의 울림
影響(영:향) : 그림자가 형상을 좇고, 울림이 소리에 응함과 같이 작용이 미치는 일
音響(음:향) : 소리의 울림

그릴 련:	부수 : 心　　총 23 획　　필순 : ＇ ゞ ㅣ 쓰 뚊 ㅛ ㅛ 戀 戀 戀
戀	말씀(言)한 것이 실(糸)과 실(糸)이 이어지듯 서로 마음(心)속으로 생각하며 그리다(戀)

戀慕(연:모) : 사랑하여 그리워함
戀愛(연:애) : 남녀의 애틋한 사랑
戀情(연:정) : 이성을 그리워하며 사랑하는 마음

3급 II 배정한자

바위 암	부수 : 山 총 23 획 필순 : 屵屵严严严严厳厳嚴嚴
巖	뫼(山)에서 엄한(嚴)모습을 하고 있는 것이 바위(巖)다

巖壁(암벽) : 바람벽과 같이 깎아지른 듯이 험하게 솟아있는 바위
巖石(암석) : 바위

역 역	부수 : 馬 총 23 획 필순 : 丶亠盲馬馬馬馹馹驛驛
驛	말(馬)이 달리다 힘이 들자 눈(目→罒)으로 다행(幸)이 쉴 곳을 찾는 곳이 역(驛)이다

驛館(역관) : 역참의 객사
驛吏(역리) : 역참의 관리
驛亭(역정) : 역마를 교대하는 곳

신령 령	부수 : 雨 총 24 획 필순 : 一雨雨雨霝霝霝霛靈靈
靈	비(雨)소리처럼 입(口),입(口),입(口)으로 장인(工)이 물건을 만들 듯 사람(人)과 사람(人)을 모아 놓고 주문을 외며 신령(靈)을 부르다

靈感(영감) : 신불의 영묘한 감응
靈鬼(영귀) : 신령한 귀신
靈物(영물) : 신령한 물건

사양할 양:	부수 : 言 총 24 획 필순 : 言訁訁訁訁譚譚譓譲讓
讓	말씀(言)으로 도울(襄)수 있게 해 주어도 당치 않으면 사양하다(讓) ※ 襄 : 돕다 양

讓步(양:보) : 남에게 길을 비켜 주어 먼저 가게 함
讓位(양:위) : 자리를 양보 함
辭讓(사양) : 받을 것을 겸사하여 안 받거나 남에게 내어 줌

3급II 배정한자 추가

3급 II 배정한자 추가

어금니 아	부수 : 牙 총 4 획 필순 : 一 ㄷ 뜨 牙
牙	음식물을 씹을 때 위 아래로 서로 맞물리는 이가 '어금니'임을 본뜬 자

牙器(아기) : 상아로 만든 그릇
象牙(상아) : 코끼리의 어금니
齒牙(치아) : 사람의 이

언덕 구	부수 : 一 총 5 획 필순 : ノ ㄏ ㄏ 丘
丘	양쪽으로 불쑥 솟은 '언덕'의 모양을 본뜬 자

丘里之言(구리지언) : 시골 사람들의 말. 상말
丘首(구수) : 호사구수(狐死丘首)
沙丘(사구) : 바람이 휘몰아져 이루는 모래언덕

기와 와:	부수 : 瓦 총 5 획 필순 : 一 T 工 五 瓦
瓦	토기를 구워 만든 '기와'를 본뜬 자

瓦家(와:가) : 기와 집
瓦工(와:공) : 기와를 굽는 사람
靑瓦(청와) : 청기와

구멍 혈	부수 : 穴 총 5 획 필순 : ' '' 宀 宂 穴
穴	집(宀)에 벽이 여덟(八)자처럼 나누어지듯 뚫어진 곳이 구멍(穴)이다

穴居(혈거) : 구멍에서 삶
虎穴(호혈) : 호랑이 굴
洞穴(동:혈) : 깊고 넓은 굴의 구멍

깃 우:	부수 : 羽 총 6 획 필순 : ㄱ ㄱ 키 키 羽 羽
羽	새의 날개에서 '깃'의 모양을 본뜬 자

毛羽(모우) : 짐승의 털과 날짐승의 깃

버금 중	부수 : 人 총 6 획 필순 : ノ 亻 个 个 仲 仲
仲	세 사람(人→亻) 가운데(中) 있으니 버금(仲)이다

仲介(중개) : 두 당사자 사이에서 일을 주선하는 일
仲秋節(중추절) : 추석을 명절로 이르는 말

3급 II 배정한자 추가

토할 토	부수 : 口　　총 6 획　　필순 : 丨 口 口 吐 吐 吐
吐	입(口)을 땅(土)으로 하고 먹은 것을 토하다(吐)

吐露(토로) : 마음에 있는 것을 다 말함
實吐(실토) : 거짓말을 섞지 않고 사실대로 말 함

땀 한	부수 : 水　　총 6 획　　필순 : 丶 丶 氵 汗 汗 汗
汗	물(水→氵)방울이 방패(干)처럼 몸의 더위를 막아주기 위해 나는 것이 땀(汗)이다

汗蒸(한증) : 한증막 속에서 땀을 흘려 병을 고치는 일
冷汗(냉:한) : 식은 땀
多汗(다한) : 땀을 많이 흘림

미칠 광	부수 : 犬　　총 7 획　　필순 : 丿 犭 犭 犭 狂 狂 狂
狂	개(犬→犭)같은 짓을 임금(王)이 하니 미치다(狂)

狂犬(광견) : 미친 개
狂氣(광기) : 미친 증세
狂亂(광란) : 미친 듯이 날뜀

면할 면	부수 : 儿　　총 7 획　　필순 : 丿 ク ア 丹 召 孕 免
免	토끼(兔)가 덫에 걸려 점(ヽ)같은 꽁지만 빠뜨리고 달아나 죽음을 면하다(免)

免稅(면:세) : 과세를 면제하는 일
免罪(면:죄) : 죄를 용서함
免職(면:직) : 일자리를 그만두고 물러나게 함

꼬리 미	부수 : 尸　　총 7 획　　필순 : 一 コ ア 尸 尸 尾 尾
尾	주검(尸)의 털(毛)은 꼬리(尾)다

尾行(미행) : 남의 행동을 감시하기 위해 몰래 뒤를 따라다님
首尾(수미) : 머리와 꼬리
後尾(후미) : 뒤쪽의 끝

진흙 니	부수 : 水　　총 8 획　　필순 : 丶 丶 氵 汒 沪 沪 泥 泥
泥	물(水→氵)이 고여 주검(尸)의 흙을 비수(匕)같은 도구로 파보니 진흙(泥)이다

泥工(이공) : 미장이
泥土(이토) : 진흙

3급 II 배정한자 추가

뽑을 발	부수: 手 총 8획 필순: ー † † † † 扩 扐 拔 拔
拔	손(手→扌)으로 개(犬)털을 삐칠(丿)듯 뽑다(拔)

拔群(발군) : 여럿 가운데서 특별히 뛰어남
拔本(발본) : 뿌리를 뽑음
選拔(선:발) : 많은 속에서 뽑음

꽃다울 방	부수: 艸 총 8획 필순: 一 艹 艹 艹 芕 芳
芳	풀(艸→艹)이 모(方)진 사방으로 자라가니 모양이 꽃답다(芳)

芳年(방년) : 여자의 한창 나이
芳草(방초) : 향기로운 풀
芳春(방춘) : 꽃이 한창인 봄

떨칠 불	부수: 手 총 8획 필순: ー † † † 扩 拂 拂 拂
拂	손(手→扌)으로 쓰지 아니(弗)할 것을 떨치다(拂)

拂入(불입) : 치룰 돈을 치름
支拂(지불) : 값을 내어 줌

드리울 수	부수: 土 총 8획 필순: ノ 一 二 千 乕 乕 垂 垂
垂	삐칠(丿)듯이 한(一)줄기의 풀(艸→艹)이 흙(土)쪽으로 드리우다(垂)

垂範(수범) : 모범을 보임
垂楊(수양) : 버드나무의 일종
垂直(수직) : 반듯하게 드리우는 일

싹 아	부수: 艸 총 8획 필순: 一 艹 艹 艹 芏 芽 芽
芽	풀(艸→艹)잎이 어금니(牙)처럼 돌아나는 것이 싹(芽)이다

綠芽(녹아) : 푸른 싹
發芽(발아) : 씨앗에서 싹 남
新芽(신아) : 새싹

불꽃 염	부수: 火 총 8획 필순: ヽ ソ ᅩ 火 火 灾 灾 炎
炎	불(火)과 불(火)이 살아 움직이는 것처럼 보이니 불꽃(炎)이다

炎症(염증) : 신체의 한 부위에 세균이나 독소가 침입하여 열이 나고 아픈 상태
炎天(염천) : 여름의 더운 하늘
火炎(화염) : 불이 탐

3급 II 배정한자 추가

찌를 자: 刺	부수: 刀　　총 8 획　　필순: 一 ㄅ ㅁ 市 束 束 刺 刺
	나무(木)를 덮고(冖)있는 가시 같은 칼(刀→刂)로 찌르다(刺)

刺客(자:객) : 사람을 몰래 찔러 죽이는 사람
刺殺(자:살) : 칼 따위로 찔러 죽임
刺傷(자:상) : 칼 따위를 찔러서 상처를 입힘

가지 지	부수: 木　　총 8 획　　필순: 一 十 才 木 木 杧 杧 枝
枝	나무(木)를 지탱(支)하는 것이 가지(枝)다

枝葉(지엽) : 가지와 잎
幹枝(간지) : 줄기와 가지
竹枝(죽지) : 대나무 가지

시렁 가:	부수: 木　　총 9 획　　필순: 丁 力 加 加 加 架 架 架
架	더하(加)듯 나무(木)를 벽에 붙여 물건을 얹게 만든 것이 시렁(架)이다

架空(가:공) : 공중에 가로 건너지름
架橋(가:교) : 다리를 놓음
書架(서가) : 책을 얹어 두는 시렁

깎을 삭	부수: 刀　　총 9 획　　필순: 丨 丷 亠 个 肖 肖 肖 削 削
削	모양을 닮을(肖)정도로 만들기 위해 칼(刀→刂)로 깎다(削)

削減(삭감) : 깎아서 줄임
削除(삭제) : 지워버림

전염병 역	부수: 疒　　총 9 획　　필순: 丶 一 广 广 广 疒 疒 疒 疫
疫	병들(疒)듯 창(殳)에 찔려 아픔이 점점 퍼지듯 옮겨지는 병이 전염병(疫)이다

疫病(역병) : 전염병
疫神(역신) : 천연두. 마마를 맡는다는 신

밥통 위	부수: 肉　　총 9 획　　필순: 丨 冂 冊 冊 田 田 胃 胃 胃
胃	밭(田)같은 역할을 몸(肉→月)에서 하는 것이 밥통(胃)이다

胃液(위액) : 위에서 분비되는 소화액
胃炎(위염) : 위에 생긴 염증
胃腸(위장) : 밥통과 창자

3급Ⅱ 배정한자 추가

아뢸 주	부수 : 大	총 9 획	필순 : 一二𠂉夫表表奏奏

奏 두(二)번씩이나 큰(大)소리 내지 못하여 굴할(天)정도로 몸을 굽히고 아뢰다(奏)

奏上(주상) : 천자에게 아룀
奏書(주서) : 천자에게 상주하는 문서
奏請(주청) : 상주에게 청원함

지름길 경	부수 : 彳	총 10 획	필순 : 丶ノ彳彳彳´彳´彳巠彳巠彳巠徑

徑 자축거릴(彳)듯이 한(一)곳으로 내(巛)를 건너게 장인(工)이 물건 만들 듯 길을 내니 지름길(徑)이다

半徑(반:경) : "반지름"의 구 용어
直徑(직경) : "지름"의 구 용어
側徑(측경) : 옆길. 갈림길

계수나무 계	부수 : 木	총 10 획	필순 : 一十十木木´木´桂桂桂桂

桂 나무(木)가 땅(土)과 흙(土)에 있지 않고 달에 있다고 생각하는 나무가 계수나무(桂)다

桂皮(계:피) : 계수나무 껍질
月桂(월계) : 녹나무의 상록 교목

넘어질 도	부수 : 人	총 10 획	필순 : ノ亻亻´亻´´亻´´亻´´´倅倒倒

倒 사람(人→亻)의 몸이 물체에 걸려 땅에 이를(到)때 앞으로 넘어지다(倒)

倒産(도:산) : 파산함
倒置(도:치) : 거꾸로 함
打倒(타:도) : 때리어 거꾸러뜨림

복숭아 도	부수 : 木	총 10 획	필순 : 一十木木´木´´木´´´杍桃桃桃

桃 나무(木)에 억조(兆)의 숫자처럼 열리는 열매가 복숭아(桃)다

桃李(도리) : 복숭아나무와 오얏나무
桃源(도원) : 선경. 별천지
桃花(도화) : 복숭아 꽃

얼 동	부수 : 冫	총 10 획	필순 : 丶冫冫´冫´´冫´´´沪沪冹凍凍

凍 얼음(冫)은 동녘(東)에서 해가 뜨기 전 밤에 얼다(凍)

凍結(동:결) : 얼어붙음
凍死(동:사) : 얼어 죽음
凍傷(동:상) : 얼어서 살갗이 상함

3급 II 배정한자 추가

뽕나무 상	부수 : 木 총 10 획 필순 : ⺈ ⺈ ⺈ 叒 叒 叒 桑 桑 桑 桑
桑	또(又), 또(又), 또(又)여러 번 손으로 나무(木)잎을 따라 누에를 기르니 뽕나무(桑)다

桑田碧海(상전벽해) : 뽕나무 밭이 푸른 바다로 바뀜이 뜻으로, 몰라보게 변함

세금 조	부수 : 禾 총 10 획 필순 : ⺈ ⺈ 千 禾 禾 利 和 租 租 租
租	벼(禾)와 또(且) 다른 곡식으로 조세(租)를 내다

租稅(조세) : 세금
田租(전조) : 전지의 조세

구슬 주	부수 : 玉 총 10 획 필순 : ⺈ ⺈ 王 王 𤣩 珒 珠
珠	구슬(玉→王)중에서 붉은(朱)것이 좋은 구슬(珠)임을 나타낸 자

珠算(주산) : 주판으로 하는 계산
珠玉(주옥) : 구슬과 옥
珠板(주판) : 셈을 하는데 쓰이는 간단한 기구

그루터기 주	부수 : 木 총 10 획 필순 : 一 十 十 木 木 札 杧 株 株 株
株	나무(木)가 붉은(朱)색을 띠고 있으니 그루터기(株)다

株價(주가) : 주식의 가격
株主(주주) : 주식을 가진 사람
新株(신주) : 주식회사가 증자하기 위해 새로 발행한 주식

빌 차	부수 : 人(亻) 총 10 획 필순 : ノ 亻 亻 亻 亻 借 借 借 借 借
借	사람(人→亻)들이 예(昔)부터 남의 농기구를 쓰기 위해 빌리다(借)

借金(차:금) : 돈을 빎
借用(차:용) : 물건, 돈 따위를 빌려 씀
假借(가차) : 임시로 빌림

짐승 축	부수 : 田 총 10 획 필순 : ⺈ ⺈ 亠 玄 玄 产 畜 畜 畜 畜
畜	검을(玄)정도로 푸른 풀 밭(田)에서 기르는 가축들도 모두 짐승(畜)이다

畜類(축류) : 가축의 종류. 집에서 기르는 짐승
畜舍(축사) : 가축을 기르는 건물
家畜(가축) : 집에서 기르는 짐승

3급 II 배정한자 추가

잠길 침	부수: 水	총 10 획	필순: 丶丶氵氵沪沪沪浸浸浸

浸 물(水→氵)에 돼지머리(彐)를 넣고 덮을(冖)정도의 물을 또(又)넣으니 잠기다(浸)

浸水(침수) : 홍수로 논, 밭 가옥 등이 물에 잠김
浸染(침염) : 차츰차츰 물듦

잡을 포	부수: 手(扌)	총 10 획	필순: 一十扌扌扩扩扔捕捕捕

捕 손(手→扌)으로 한(一)개의 쓸(用) 점(丶)만한 물체를 잡다(捕)

捕校(포:교) : 조선 때 포도부장의 이칭
捕盜(포:도) : 도둑을 잡음
捕捉(포:착) : 요점이나 요령을 얻음

거칠 황	부수: 艹	총 10 획	필순: 一十艹艹芒芒芹芹荒

荒 풀(艹→⺾)도 죽어 망할(亡)수 있고 내(川→巛)도 흐르지 않으니 땅이 거칠다(荒)

荒唐(황당) : 언행이 근거가 없고 엉터리임
荒凉(황량) : 황폐하여 쓸쓸함
荒野(황야) : 거친 벌판

가슴 흉	부수: 肉	총 10 획	필순: 丿⺝月月肋肋肑胸胸胸

胸 몸(肉→月)에서 싸(勹)고 있는 흉한(凶) 부분이 가슴(胸)이다

胸背(흉배) : 가슴과 등
胸部(흉부) : 가슴부분
胸中(흉중) : 가슴 속

들보 량	부수: 木	총 11 획	필순: 丶丶氵氵沙沙汈汈梁梁梁

梁 물(水→氵)을 건너기 위해 칼날(刃)로 점(丶)같은 옹이까지 떼어낸 나무(木)로 다리를 놓듯이 천장에 가로지른 것이 들보(梁)다   ※ 刃 : 칼날 인

梁上君子(양상군자) : 대들보 위에 군자라는 말로, 도둑을 이름
橋梁(교량) : 다리

여러 루	부수: 糸	총 11 획	필순: 丨口田田田田累累累累累

累 밭(田)갈아 놓은 이랑이 실(糸)같이 여러(累)갈래의 모양이다

累計(누:계) : 소계를 누가하여 계산함
累積(누:적) : 포개어 쌓음
累卵之危(누란지위) : 포개어 놓은 알처럼 금방 무너질 듯한 위태로움

3급II 배정한자 추가

삼 마:	부수 : 麻	총 11 획	필순 : `丶一广广广疒疒麻麻麻`
麻	집(广)에다 나무(木)와 나무(木)비슷한 것을 베어다 세워 놓은 것이 삼(麻)이다		

麻立干(마립간) : 신라 때 임금호칭의 한 가지
麻醉(마취) : 신체 따위의 감각을 없애는 일
大麻(대마) : 삼

늦을 만:	부수 : 日	총 11 획	필순 : `丨冂日日 日免 日免 日免 晚`
晚	날(日)마다 힘이 면할(免)정도로 일을 하니 집에 돌아오는 시간이 늦다(晚)		

晚年(만:년) : 노년. 노후
晚成(만:성) : 늦게 성취함
晚學(만:학) : 나이 들어 늦게 공부를 시작함

보리 맥	부수 : 麥	총 11 획	필순 : `一广广冭來夾來麥麥`
麥	보리이삭이 패어있는 모양을 본떠 '보리'를 뜻한 자		

麥農(맥농) : 보리농사
麥作(맥작) : 보리농사
麥皮(맥피) : 밀기울

비낄 사	부수 : 斗	총 11 획	필순 : `人人今今余余余余斜`
斜	나(余)의 손으로 말(斗)을 들고 속에 남았나 보기 위해 옆으로 비끼다(斜)		

斜路(사로) : 비탈길
斜面(사면) : 경사진 면
斜視(사시) : 곁눈질함. 사팔 눈

긴뱀 사	부수 : 虫	총 11 획	필순 : `丨口中虫虫虫虫蚣蛇蛇`
蛇	벌레(虫)중에서 집(宀)인 굴을 뚫고 살며 비수(匕)같은 혀를 날름거리니 긴뱀(蛇)이다		

毒蛇(독사) : 이빨에 독액 분비선을 갖은 뱀의 총칭
白蛇(백사) : 몸빛이 흰색
靑蛇(청사) : 몸빛이 푸른 색

송사할 송:	부수 : 言	총 11 획	필순 : `丶一二宁宁宁言訟訟訟`
訟	말씀(言)으로 공평할(公)수 있도록 억울함을 송사하다(訟)		

訟事(송:사) : 소송하는 일
訴訟(소송) : 재판을 걺

3급II 배정한자 추가

음란할 음	부수: 水	총 11 획	필순: 丶 ︰ ㇀ 冫 氵 浐 浐 泙 浮 淫 淫
淫	물(水→氵)기 없는 손(爫)으로 간사한(壬)짓을 하니 음란하다(淫) ※ 壬 : 간사하다 임			

淫女(음녀) : 음탕한 여자
淫談(음담) : 음탕한 이야기
淫亂(음란) : 음탕하고 난잡함

자주빛 자	부수: 糸	총 11 획	필순: 丨 ⺊ 止 止 此 此 紫 紫 紫
紫	이(此)색깔 다음 실(糸)의 색깔은 자주빛(紫)이다			

紫禁城(자금성) : 북경에 있는 청대의 궁전
紅紫(홍자) : 붉은 빛과 조라 빛

통할 투	부수: 辵	총 11 획	필순: ノ 一 二 千 禾 禾 秀 秀 秀 透 透
透	빼어날(秀)정도가 아닌 걸음으로 쉬엄쉬엄가(辵→辶)도 통하다(透)			

透過(투과) : 지나감. 통과함
透明(투명) : 환희 속까지 비쳐 보임
透視(투시) : 속에 있는 것을 꿰뚫어 비추어 봄

치우칠 편	부수: 人	총 11 획	필순: 亻 亻 亻 偏 偏 偏
偏	사람(人→亻)이 작을(扁)정도의 이익에도 잘 치우치다(偏)			

偏見(편견) : 한쪽으로 치우친 생각
偏傾(편경) : 한쪽으로 치우침
偏食(편식) : 어떠한 음식만을 편벽되게 먹음

멜 하	부수: 艸(艹)	총 11 획	필순: 丶 ㇀ 艹 艹 艹 芢 芢 荷 荷
荷	풀(艸→艹)을 베어 어찌(何)어찌하여 어깨에 메다(荷)			

荷擔(하담) : 짐을 짐
荷物(하물) : 짐. 운송하는 치우침
荷重(하중) : 짐의 무게

굳을 경	부수: 石	총 12 획	필순: 一 ア 石 石 矿 砭 砭 硬 硬
硬	돌(石)의 성질로 고치(更)니 물체가 굳다(硬)			

硬骨(경골) : 단단한 뼈
硬度(경도) : 물체의 단단함의 정도
硬化(경화) : 단단하게 굳어짐

3급II 배정한자 추가

버섯 균	부수 : 艸　　총 12 획　　필순 : ｀⺊ ⺊⺊ ⺊⺊ 芢 荫 茵 茵 菌 菌
菌	풀(艸→⺾)싹처럼 에워싸(囗)놓은 썩은 벼(禾)짚에서 자라는 것이 곰팡이 같은 버섯(菌)이다

滅菌(멸:균) : 세균을 죽여 없앰
病菌(병:균) : 병원균
殺菌(살균) : 세균을 죽임

빌릴 대:	부수 : 貝　　총 12 획　　필순 : 亻 亻 代 代 代 伒 伒 貸 貸 貸 貸
貸	대신(代) 조개(貝)판 돈을 주기로 하고 남이 물건을 빌리다(貸)

貸本(대:본) : 돈을 받고 책을 빌려 줌
貸與(대:여) : 돈이나 물건을 빌림
貸出(대:출) : 꾸어 줌

건널 도:	부수 : 水　　총 12 획　　필순 : 氵 氵 氵 泞 泞 泞 泞 渚 渡 渡
渡	물(水→氵)을 법도(度)처럼 정해 놓은 곳으로만 건너다(渡)

渡江(도:강) : 강을 건넘
渡來(도:래) : 외국에서 건너옴
渡美(도:미) : 미국으로 감

찢어질 렬	부수 : 衣　　총 12 획　　필순 : 一 ア 歹 列 列 列 裂 裂 裂
裂	벌려(列)진 옷(衣)을 보니 찢어지다(裂)

裂傷(열상) : 찢기어 난 상처
分裂(분열) : 찢어져 갈라짐
破裂(파:열) : 깨어져 가라짐

중매 매	부수 : 女　　총 12 획　　필순 : 乚 乚 女 女 妒 妒 妒 媒 媒 媒
媒	계집(女)을 아무(某)도 모르는 사내에게 중매(媒)하다

媒介(매개) : 사이에 서서 양편의 관계를 맺어줌
媒體(매체) : 물리적 작용을 전하여 주는 물질
仲媒(중매) : 남자 쪽과 여자 쪽의 사이에서 혼인이 되게 하는 일

끓을 탕:	부수 : 水　　총 12 획　　필순 : 丶 丶 氵 氵 汜 汨 汨 淐 湯 湯
湯	물(水→氵)을 아침(旦)에 일어나 찬기를 말(勿)게 솥에 불을 때니 끓다(湯)

藥湯(약탕) : 병의 치료를 위해 약을 넣어 끓인 물
熱湯(열탕) : 뜨겁게 끓인 물이나 국
浴湯(욕탕) : 목욕탕의 준말

3급 II 배정한자 추가

사이뜰 격	부수: 阜	총 13 획	필순: ㄱ ㅏ ㅑ ㅑ 隔 隔 隔
隔	언덕(阜→阝)밑 그늘에 놓은 오지병(鬲)도 마를 때 갈라지며 사이뜨다(隔)		

隔離(격리) : 사이를 떼어 놓음
隔世之感(격세지감) : 다른 세대 같이 달라진 느낌
隔差(격차) : 동떨어진 차이

녹 록	부수: 示	총 13 획	필순: 二 于 齐 齐 齐 齐 祚 祿 祿
祿	보일(示)수 있는 곳에 돼지머리(彑)놓고 제사도 지내고 물(水→氺)을 대서 농사 질 수 있는 땅을 신하에게 주니 녹(祿)이다		

祿邑(녹읍) : 나라에서 공신들에게 준 농토
官祿(관록) : 관원에게 주는 봉급
國祿(국록) : 나라에서 주는 녹봉

우뢰 뢰	부수: 雨	총 13 획	필순: 一 厂 厂 币 币 宙 雷 雷 雷 雷
雷	비(雨→⻗)올 때 풀 밭(田)에서 쾅하고 사냥하는 총소리 같은 것이 우뢰(雷)다		

雷鼓(뇌고) : 시끄럽게 북을 침. 천둥소리
雷聲(뇌성) : 천둥소리
雷雨(뇌우) : 번개를 치며 내리는 비

막힐 색	부수: 土	총 13 획	필순: 丶 宀 宀 宀 寒 寒 寒 寒 塞 塞
塞	집(宀)의 벽을 우물(井)처럼 엮고 팔짱끼(卄→六)듯 두 손으로 흙(土)을 바르니 막히다(塞) ※ 塞 : 변방 새		

塞源(색원) : 근원을 막아버림
邊塞(변새) : 변경에 있는 요새
要塞(요새) : 국경 등에 있는 요해의 성채

품삯 임:	부수: 貝	총 13 획	필순: 亻 亻 仁 仟 仟 仟 侲 賃 賃
賃	일을 맡기(任)고 다하면 조개(貝)같은 귀한 재물로 품삯(賃)을 주다		

賃金(임:금) : 품삯
賃貸(임:대) : 삯을 받고 빌려 줌
賃借(임:차) : 삯을 주고 물건 따위를 빌려 씀

전각 전	부수: 殳	총 13 획	필순: 尸 尸 尸 尸 屉 屍 殿 殿
殿	주검(尸)을 무릎 쓰고 여러 사람이 한가지(共)일에만 창(殳)같은 도구로 큰 집을 지은 것이 전각(殿)이다		

殿閣(전:각) : 궁전
殿堂(전:당) : 신체, 불상 등을 안치하는 건물
聖殿(성:전) : 신성한 전당

3급 II 배정한자 추가

빚 채:	부수: 人	총 13 획	필순: 亻 亻' 亻'' 亻''' 俨 俨 佛 僧 債
債	사람(人→亻)에게 꾸짖을(責)정도로 말을 하며 빚(債)을 독촉하다		

債務(채:무) : 남에게 빚을 갚아야 하는 의무
公債(공채) : 공채무
負債(부:채) : 남에게 빚을 짐

덮을 개:	부수: 艸(++)	총 14 획	필순: ` ' ⺌ ⺌ ⺌ 芏 芏 莘 莘 蓋
蓋	풀(艸→++)을 가지고 가(去)서 그릇(皿)을 덮다(蓋)		

蓋然性(개:연성) : 그러하리라고 생각되는 성질

샐 루:	부수: 水	총 14 획	필순: 氵 汒 浐 浐 浐 浐 浐 漏 漏 漏
漏	눈 물(水→氵)이 주검(尸)앞에서 줄줄 흐르듯, 뚫어진 곳으로 비(雨)가 새다(漏)		

漏氣(누:기) : 축축한 기운
漏落(누:락) : 적바림에서 빠짐
漏電(누:전) : 전기가 새어 흐름

봉황새 봉:	부수: 鳥	총 14 획	필순: 丿 几 凡 凡 凡 凤 凤 鳳 鳳 鳳
鳳	임금 안석(几)뒤에 한(一)마리에 새(鳥)가 봉황새(鳳)다		

썩을 부:	부수: 肉	총 14 획	필순: ` 一 广 广 庐 庐 庐 府 腐 腐
腐	마을(府)창고에 쌓아 놓은 고기(肉)가 관리 소홀로 썩다(腐)		

腐敗(부:패) : 썩어서 못쓰게 됨
豆腐(두부) : 콩으로 만든 음식의 하나
陳腐(진부) : 묵어서 썩음

부세 부:	부수: 貝	총 14 획	필순: 丨 冂 冃 貝 貝 貯 貯 貯 賦 賦
賦	곡식도 팔고 조개(貝)도 팔아 호반(武)을 가진 사람을 위해 내라고 정한 것이 부세(賦)다		

賦課(부:과) : 세금을 매김
賦金(부:금) : 부과된 돈. 나누어 내는 돈
賦與(부:여) : 나누어 줌

3급II 배정한자 추가

거짓 위	부수: 人	총 14 획	필순: 亻亻亻亻亻伊伊偽偽
僞	사람(人→亻)이 위장 할(爲)수 있는 행위는 거짓(僞)이다		

僞書(위서) : 위본(僞本)
僞裝(위장) : 거짓 꾸밈
僞造(위조) : 진짜처럼 속여 만듦

막힐 체	부수: 水(氵)	총 14 획	필순: 氵氵汁汁滯滯滯
滯	물(水→氵)흐름이 띠(帶)같은 둑에 막히다(滯)		

滯納(체납) : 납세를 지체함
滯念(체념) : 엉김 마음
滯留(체류) : 머물러 있음

옻 칠	부수: 水	총 14 획	필순: 氵氵氵产夫沐沐漆漆漆
漆	물(水→氵)이 나오도록 나무(木)에다 사람(人)이 칼자국을 내 물(水→氺)받는 것이 옻(漆)이다		

漆器(칠기) : 옻칠한 기물
漆板(칠판) : 분필로 글씨를 쓰는 판
漆黑(칠흑) : 옻처럼 검음

빼앗을 탈	부수: 大	총 14 획	필순: 一ナ大木木本在在奈奞奪奪
奪	큰(大) 새(隹)가 마디(寸)같은 작은 먹이를 빼앗다(奪)		

奪還(탈환) : 도로 빼앗음
强奪(강탈) : 강제로 빼앗음
掠奪(약탈) : 폭력을 써서 무리하게 빼앗음

연꽃 연	부수: 艸	총 15 획	필순: 艹艹艹荳荳荳蓮蓮蓮
蓮	풀(艹)뿌리가 서로 잇다(連)는 데서 줄기가 자라서 핀 꽃이 연꽃(蓮)이다		

蓮根(연근) : 연뿌리
蓮池(연지) : 연못
蓮花(연화) : 연꽃

먹 묵	부수: 土	총 15 획	필순: 丨口日田里黑黑黑墨墨
墨	검은(黑)그을음을 찰 흙(土)처럼 이겨 만든 것이 먹(墨)이다		

墨家(묵가) : 묵적의 학파
墨客(묵객) : 서예가, 화가, 문인의 총칭
墨畵(묵화) : 먹으로 그린 그림

3급 II 배정한자 추가

소반 반	부수 : 皿 총 15 획 필순: ` ノ 丿 几 凡 舟 舟 般 般 盤 盤
盤	일반(般)적으로 그릇(皿)에 음식을 담아 놓는 상이 소반(盤)이다

盤石(반석) : 큰 바위
骨盤(골반) : 몸 하부에 있는 좌우의 무명골 따위
銀盤(은반) : 은으로 만든 밥상

느릴 완:	부수 : 糸 총 15 획 필순: 幺 幺 爭 系 紀 紀 絆 綏 綏 緩
緩	실(糸)을 손톱(爫)끝으로 한(一)곳을 벗(友)과 잡고 당겨도 끌리는 속도가 느리다(緩)

緩急(완:급) : 느림과 빠름
緩慢(완:만) : 움직임이 느릿느릿함
緩衝(완:충) : 충돌을 완화함

우레 진:	부수 : 雨 총 15 획 필순: 一 厂 币 雨 雪 雪 霄 震 震
震	비(雨→⻗)올 때 별똥 별(辰)처럼 빛을 내며 벼락 치는 소리를 내는 것이 우레(震)다

震怒(진:노) : 하늘이 성내는 일
震動(진:동) : 흔들어 움직임
地震(지진) : 지각이 요동하는 현상

옮길 천:	부수 : 辵 총 15 획 필순: 一 冂 襾 襾 興 粟 粟 署 遷 遷
遷	덮을(襾)수 있는 의관을 쓰고 큰(大)곳으로 병부(卩)를 지닌 사람이 쉬엄쉬엄가(辵→辶)며 자리를 옮기다(遷)

遷都(천:도) : 도읍을 옮김
遷職(천:직) : 직업을 바꿈
變遷(변:천) : 변하여 옮겨짐

엮을 편	부수 : 糸 총 15 획 필순: 幺 糸 糸 糸 紀 紅 絹 編 編 編
編	실(糸)로 집(戶)에서 책(冊→冊)을 만들기 위해 엮다(編)

編物(편물) : 뜨개질
編成(편성) : 책이나 신문 따위를 엮어서 만듦
編入(편입) : 한 동아리에 끼어들음

폐할 폐:	부수 : 广 총 15 획 필순: ` 亠 广 广 庁 庁 庆 庆 庆 序 廃 廃 廃 廢
廢	집(广)안에서 필(發)수 있는 것을 막으니 폐하다(廢)

廢家(폐:가) : 버려 둔 집
廢刊(폐:간) : 신문, 잡지 등의 간행을 폐지함
廢校(폐:교) : 학교를 폐지함

3급 II 배정한자 추가

| 강철 강 | 부수: 金 | 총 16 획 | 필순: ′ ^ ≠ 扌 金 釓 釘 鈪 鋼 鋼 鋼 鋼 |

鋼 쇠(金)가 그물(网→冂)을 한(一)끈으로 당길 때 메(山)처럼 둥글게 굽는 것이 강철(鋼)이다

鋼鐵(강철) : 무쇠를 불리어, 더 굳고 인성이 많아지도록 한 쇠
鋼板(강판) : 강철판. 줄 판
製鋼(제:강) : 시우쇠를 불리어서 강철을 만듦

| 엿 당 | 부수: 米 | 총 16 획 | 필순: ″ ″ 中 半 米 扩 扩 护 糖 糖 |

糖 쌀(米)로 사람을 황당할(唐)정도로 단맛 나게 만든 것이 엿(糖)이다

糖類(당류) : 단맛이 나는 물에 녹는 탄수화물의 총칭
糖分(당분) : 어떤 물건에 포함되어 있는 당류의 성분
乳糖(유당) : 포유동물의 젖에 포함되어 있는 이 당류

| 갈 마 | 부수: 石 | 총 16 획 | 필순: ′ 一 广 广 庶 庶 磨 磨 磨 磨 |

磨 삼(麻)껍질을 발라서 매끈하게 하듯이 돌(石)을 매끈하게 하기 위해 갈다(磨)

磨滅(마멸) : 닳아 없어짐
硏磨(연:마) : 갈고 닦음
鍊磨(연마) : 노력을 거듭하여 정신이나 기술을 닦음

| 사를 소: | 부수: 火 | 총 16 획 | 필순: ″ 火 圵 灶 灶 炷 烧 烧 燒 |

燒 불(火)을 흙(土)과 흙(土)과 같이 땅(土) 한(一)곳에 쓰레기를 쌓아 놓고 사람(儿)이 사르다(燒)

燒失(소:실) : 불에 타 없어짐
燒酒(소:주) : 증류하여 만든 무색투명한 독한 술
全燒(전소) : 모두 타 없어짐

| 제비 연: | 부수: 火 | 총 16 획 | 필순: 一 ″ 廿 昔 莒 莒 莒 莒 燕 燕 |

燕 '제비'의 모양을 본뜬 자

燕尾服(연:미복) : 빛깔은 검고 저고리의 뒷자락이 제비 꼬리 모양인 남자용 서양예복의 한 가지

| 어긋날 착 | 부수: 金 | 총 16 획 | 필순: ′ ^ 年 年 숲 金 金 釺 鉗 錯 錯 |

錯 쇠(金)로 만든 예(昔)물건들이 오래되어 서로 어긋나다(錯)

錯覺(착각) : 외계의 사물을 잘못 자각하는 일
錯亂(착란) : 뒤섞여 어수선함
錯誤(착오) : 착각으로 인한 잘못

3급 II 배정한자 추가

저울대 형	부수 : 行 총 16 획 필순 : 彳 彳ᄼ 彳ᄼ 衢 衡 衡
衡	자축거릴(彳)듯 뿔(角→角)같이 생긴 큰(大)나무에 한(一)개 한(一)개 갈고리(亅)걸어 무게를 달기위해 좌우로 움직이니 저울대(衡)다

衡平(형평) : 균형. 평균
均衡(균형) : 어느 한 쪽으로 치우침 없이 쪽 고름
平衡(평형) : 물건을 다는데 저울대가 똑바름

갚을 상	부수 : 人 총 17 획 필순 : 亻 亻ᄼ 亻ᄼ 亻ᄼ 亻ᄼ 亻ᄽ 償 償 償
償	도움 받은 사람(人→亻)에게 상주(賞)듯 보답하며 신세를 갚다(償)

償還(상환) : 빚진 돈을 갚아 줌
無償(무상) : 어떤 일에 그 대가를 받지 않음
辨償(변:상) : 치러 물어줌

참선 선	부수 : 示 총 17 획 필순 : 一 二 亍 示 示 示ᄼ 禪 禪 禪
禪	보이(示)지 않은 신 앞에서 홑(單)이 되어 마음속으로 참선(禪)하다

禪家(선가) : 참선하는 사람
禪敎(선교) : 선종의 가르침
禪院(선원) : 참선하는 방

젖을 습	부수 : 水 총 17 획 필순 : 氵 氵ᄼ 氵ᄼ 氵ᄼ 氵ᄼ 氵ᄼ 氵ᄼ 溼 濕
濕	물(水→氵)속에다 고치(㬎)를 넣으니 바로 젖다(濕) ※ 㬎 : 고치 현

濕氣(습기) : 축축한 기운
濕潤(습윤) : 축축하게 젖음
濕地(습지) : 물기가 많은 땅

말탈 기	부수 : 馬 총 18 획 필순 : 丨 冂 ⺆ 罒 馬 馬 駱 駱 騎 騎
騎	말(馬)을 기특할(奇)할 정도로 다루며 말타다(騎)

騎馬(기마) : 말을 탐
騎兵(기병) : 말 탄 군사
騎士(기사) : 말 탄 무사

덮을 복	부수 : 襾 총 18 획 필순 : 一 ㅛ 襾 襾 覆 覆 覆
覆	덮을(襾)수 있는 것으로 다시(復) 덮다(覆)

覆蓋(복개) : 덮음
覆面(복면) : 얼굴을 가림
覆土(복토) : 흙을 덮음

3급 II 배정한자 추가

쇠사슬 쇄	부수 : 金　　총 18 획　　필순 : ⺈ 乍 乍 乍 乍 金 釒 鈁 銷 鎖 鎖
鎖	쇠(金)를 작은(小→⺌) 조개(貝)를 꿰어 노리개 만든 것처럼 만든 것이 쇠사슬(鎖)이다

鎖骨(쇄골) : 가슴 위쪽에 수평 방향으로 구부러진 좌우 한 쌍의 어깨 뼈
鎖國(쇄국) : 외국과의 통상, 무역을 금함
閉鎖(폐쇄) : 자물쇠를 꼭 채워 문을 닫음

족보 보:	부수 : 言　　총 19 획　　필순 : 言 言 訁 訁 訐 訐 譜 譜 譜 譜
譜	말씀(言)하지 않고 넓게(普)한집안 성씨에 대한 항렬로 써 놓은 책이 족보(譜)다

系譜(계:보) : 집안의 혈통이나 계통을 적은 책
樂譜(악보) : 음악의 곡조를 일정한 기초로 써서 나타낸 것
族譜(족보) : 한족 속의 세계(世系)를 적은 책

쇠불릴 주:	부수 : 金　　총 22 획　　필순 : 釒 釒 釒 鈩 鋳 鑄 鑄
鑄	쇠(金)로 만든 도구가 목숨(壽)이 다 되어 다시 만들기 위해 쇠불리다(鑄)

鑄工(주:공) : 쇠를 다루는 장인
鑄物(주:물) : 쇠붙이를 녹여 주조한 물건
鑄造(주:조) : 쇠를 녹여 물건을 만듦

소금 염	부수 : 鹵　　총 24 획　　필순 : ⺈ ⺈ ⺈ 彐 臣 臣' 臣'' 臣卣 臣卣 鹽 鹽 鹽 鹽 鹽
鹽	누울(臥)때 허리 굽히듯 소금(鹵)밭에서 그릇(皿)에 담는 것이 소금(鹽)이다

鹽分(염분) : 소금기
鹽田(염전) : 소금밭
食鹽(식염) : 소금

부 록

- ☞ 고사성어 및 사자성어
- ☞ 유의자
- ☞ 반대자 및 상대자
- ☞ 유의어
- ☞ 반대어 및 상대어
- ☞ 약자

[부록] 고사성어 및 사자성어

고사·사자성어	뜻 풀 이
佳人薄命(가인박명)	아름다운 여자는 명이 짧음
角者無齒(각자무치)	뿔이 있는 자는 이가 없다는 뜻으로, 사람이 모든 복을 겸하지 못함을 이름
敢不生心(감불생심)	감히 생각도 못함
甘言利說(감언이설)	남의 비위에 맞도록 꾸민 달콤한 말과 이로운 조건을 내세워 꾀는 말
甲男乙女(갑남을녀)	갑이란 남자와 을이란 여자의 뜻으로, 평범한 사람들 (類)張三李四(장삼이사)
江湖煙波(강호연파)	호수 위에 안개처럼 보얗게 이는 잔물결
見利思義(견리사의)	눈앞에 이익이 보일 때, 의리를 생각함
犬馬之勞(견마지로)	임금이나 나라에 충성을 다하는 노력
見物生心(견물생심)	실물을 보고 욕심이 생김
結者解之(결자해지)	맺은 자가 풀어야 한다는 뜻으로, 자기가 저지른 이일은 자기가 해결해야 한다는 말
結草報恩(결초보은)	죽은 혼령이 되어도 은혜를 잊지 않고 갚음
兼人之勇(겸인지용)	능히 몇 사람을 당해 낼만한 용기
輕擧妄動(경거망동)	경솔하고 분수없이 행동함
傾國之色(경국지색)	나라 안에 으뜸가는 미인. 임금이 혹하여 나라가 뒤집혀도 모를 만한 미인
驚天動地(경천동지)	세상을 몹시 놀라게 함
孤立無援(고립무원)	고립되어 구원받을 데가 없음
苦肉之策(고육지책)	적을 속이는 수단으로서 제 몸을 괴롭히는 것도 돌보지 않고 쓰는 계책
孤掌難鳴(고장난명)	혼자서는 일하기 어려움. 서로 같으니까 싸움이 된다는 뜻
苦盡甘來(고진감래)	고생 끝에 즐거움이 옴 (對)興盡悲來(흥진비래)
曲學阿世(곡학아세)	정도를 벗어난 학문으로 세상 사람에게 아첨함
骨肉相殘(골육상잔)	친족간의 서로 해치고 죽이고 함
空前絶後(공전절후)	비교할만한 것이 이전에도 없고 이후에 없음 (類)前無後無(전무후무)
過猶不及(과유불급)	정도를 지나침은 미치지 못한 것과 같음
巧言令色(교언영색)	남의 환심을 사려고 아첨하는 교묘한 말과 보기 좋게 꾸미는 얼굴빛
九曲肝腸(구곡간장)	굽이굽이 깊이 든 마음 속. 깊은 마음 속
口蜜腹劍(구밀복검)	말로는 친한 체하나 속으로 해칠 생각을 가짐
九死一生(구사일생)	죽을 고비를 여러 차례 겪고 겨우 살아남
九牛一毛(구우일모)	많은 가운데서 가장 적은 것의 비유
群鷄一鶴(군계일학)	평범한 사람 가운데의 뛰어난 사람을 이름
君子不器(군자불기)	그릇이란 제각기 한 가지 소용에 맞는 것이나, 덕이 있는 사람은 그렇지 않아 온갖 방면에 통함을 이름
窮餘之策(궁여지책)	궁박한 끝에 나는 한 계책 (類)窮餘一策(궁여일책)
權謀術數(권모술수)	권모와 술수
權不十年(권불십년)	권세는 10년을 못 간다는 말 (類)勢不十年(세불십년)
金蘭之交(금란지교)	극히 친한 사이 (類)水魚之交. 斷金之交. 布衣之交
錦衣夜行(금의야행)	'비단옷을 입고 밤에 가다' 는 뜻 <아무 보람이 없는 행동>

고 사 성 어 및 사 자 성 어

고사·사자성어	뜻 풀 이
錦衣玉食(금의옥식)	호화롭고 사치스런 의식(衣食) (類) 好衣好食(호의호식)
錦衣還鄉(금의환향)	출세하고 고향에 돌아 옴
起死回生(기사회생)	중병으로 죽을 뻔하다가 살아나 회복됨
奇想天外(기상천외)	보통 사람이 생각할 수 없는 엉뚱한 생각
亂臣賊子(난신적자)	나라를 어지럽게 하는 무리와 부모를 해치는 아들
難兄難弟(난형난제)	두 사물의 낫고 못함을 분간하기 어려움의 비유 (類) 莫上莫下(막상막하)
內柔外剛(내유외강)	사실은 마음은 약한데, 외부에 나타난 태도는 강하게 보임 (對) 內剛外柔
怒甲移乙(노갑이을)	어떤 사람에게 당한 노염을 다른 사람에게 화풀이함
怒發大發(노발대발)	몹시 노함. 대단히 성을 냄
多多益善(다다익선)	많으면 많을수록 더욱 좋음
單刀直入(단도직입)	요점을 바로 풀이하여 들어감
大驚失色(대경실색)	크게 놀라 얼굴색이 변함
大同小異(대동소이)	거의 같고 조금 다름
獨不將軍(독불장군)	따돌림을 받는 외로운 사람. 무엇이나 혼자 처리하는 사람
同價紅裳(동가홍상)	'같은 값이면 다홍치마'의 뜻으로 같은 값이면 품질이 좋은 것을 택한 다는 말
東問西答(동문서답)	묻는 말에 당치도 않은 대답을 함
東奔西走(동분서주)	이리저리 바빼 다님
同床異夢(동상이몽)	기거를 함께 하면서 서로 다른 생각을 함
登高自卑(등고자비)	지위가 높아질수록 스스로를 낮춤
燈下不明(등하불명)	'등잔 밑이 어둡다'는 뜻으로 가까이 있는 것이 도리어 알아내기 어려움을 이르는 말
燈火可親(등화가친)	'가을밤은 등불을 가까이 하여 글 읽기에 심기가 좋다'는 말
馬耳東風(마이동풍)	남의 말을 귀담아 듣지 않고 곧 흘려버림을 이르는 말 (類) 牛耳讀經(우이독경)
莫逆之友(막역지우)	아주 허물이 없는 벗 (類) 水魚之交. 知己之友. 斷金之交
亡羊之歎(망양지탄)	갈래진 길에서 양을 잃고 탄식한다는 뜻으로, 학문의 길도 여러 갈래라 길을 잡기 어렵다는 말
孟母斷機(맹모단기)	맹자의 어머니가 아들이 학업을 중단하고 돌아왔을 때, 짜던 베를 칼로 잘라서 훈계한 고사
面從腹背(면종복배)	표면으로는 복종하는 체하면서 내심(內心)으로는 배반함
明鏡止水(명경지수)	맑은 거울과 조용한 물. 맑고 고요한 심경을 이름
目不識丁(목불식정)	글자를 한자도 모름. 아주 무식함
目不忍見(목불인견)	눈으로 차마 볼 수 없음
文房四友(문방사우)	종이, 붓, 먹, 벼루의 네 문방구
門前成市(문전성시)	권세가나 부자가 되어 집 앞이 방문객으로 저자를 이루다시피 함
勿失好機(물실호기)	좋은 기회를 놓치지 않음
博覽强記(박람강기)	많은 글을 읽고 기억을 잘 해냄 (類) 博學多識(박학다식)
背水之陣(배수지진)	물을 등지고 치는 진법(陣法)의 하나. 목숨을 걸고 싸우는 경우의 비유
百家爭鳴(백가쟁명)	많은 학자, 문화인등의 활발한 논쟁

고 사 성 어 및 사 자 성 어

고사·사자성어	뜻 풀 이
百計無策(백계무책)	있는 꾀를 다 써 봐도 별 수 없음
百年河淸(백년하청)	아무리 오래 되어도 사물이 이루어지기가 어렵다는 뜻
白面書生(백면서생)	글만 읽고 세상일에 경험이 없는 사람
百發百中(백발백중)	총, 활 등이 겨눈 곳에 꼭꼭 맞음. 앞서 생각한 일들이 꼭꼭 들어맞음
百折不屈(백절불굴)	수없이 꺾어도 굽히지 않음
不知其數(부지기수)	너무 많아서 그 수효를 알 수가 없음
北窓三友(북창삼우)	'거문고, 술, 시'의 일컬음
貧者一燈(빈자일등)	가난한 사람이 어려운 가운데서 정성 들여 신불에게 바치는 등
死生決斷(사생결단)	죽고 삶을 돌보지 않고 끝장을 냄
事必歸正(사필귀정)	만사는 반드시 정리(正理)로 돌아감
殺身成仁(살신성인)	절개를 지켜 목숨을 버림
森羅萬象(삼라만상)	우주 사이에 벌려 있는 수많은 현상
三旬九食(삼순구식)	서른 날에 아홉 끼니 먹음 <몹시 가난함>
生不如死(생불여사)	삶이 죽음만 같지 못하다는 뜻으로 몹시 곤란을 당하고 있음의 비유
先見之明(선견지명)	일을 미리 짐작하는 밝은 지혜
雪上加霜(설상가상)	불행이 덮친데 덮쳐 일어남
說往說來(설왕설래)	서로 변론하여 말로 옥신각신함
手不釋卷(수불석권)	손에서 책을 놓지 않고 늘 글을 읽음
水魚之交(수어지교)	아주 친밀하여 떨어질 수 없는 사이
守株待兎(수주대토)	변통성이 없이 어리석게 고집하여 지키기만 함
壽則多辱(수즉다욕)	오래 살면 욕됨이 많음
宿虎衝鼻(숙호충비)	잠자는 호랑이의 코를 찌름에서 자기 스스로가 불리를 꾀함의 비유
是是非非(시시비비)	공평무사하게 옳은 것은 옳다고 칭찬하고 그른 것은 그르다고 반대함
識字憂患(식자우환)	글자를 아는 것이 도리어 근심을 사게 된다는 말
信賞必罰(신상필벌)	상벌을 공정, 엄중히 하는 일
身言書判(신언서판)	갖추어야 할 네 가지 조건. 곧 신수, 말씨, 문필, 판단력
神出鬼沒(신출귀몰)	자유자재로 출몰하여 그 변화를 헤아릴 수 없음
實事求是(실사구시)	사실에 토대를 두어 진리를 탐구하는 일
我田引水(아전인수)	제게 이롭게만 함
安居危思(안거위사)	평안 할 때에 어려움이 닥칠 것을 잊지 말고 미리 대비해야 함
安分知足(안분지족)	편안한 마음으로 제 분수를 지키며 만족함을 앎
安貧樂道(안빈낙도)	구차한 중에도 편안한 마음으로 도(道)를 즐김
安心立命(안심입명)	안심에 의하여 몸을 천명에 맡기고 생사 이해에 당면하여 태연함
弱肉强食(약육강식)	약한 자는 강한 자에게 먹힘
漁父之利(어부지리)	쌍방이 다투는 틈을 타서 제삼자가 애쓰지 않고 가로챈 이득

고사성어 및 사자성어

고사·사자성어	뜻 풀 이
抑强扶弱(억강부약)	강한 자를 누르고 약한 자를 도와 줌
言語道斷(언어도단)	어이가 없어 이루 말로 나타낼 수 없음을 이르는 말
如履薄氷(여리박빙)	살 어름 밟는 듯함. 곧 매우 위태로움
如出一口(여출일구)	여러 사람이 다 같은 말을 함 (類)異口同聲(이구동성)
易地思之(역지사지)	처지를 바꾸어 생각함
緣木求魚(연목구어)	나무에 올라 고기를 구하듯 불가능한 일을 하려고 함
五車之書(오거지서)	다섯 수레에 실을 만한 많은 책. 곧 많은 장서(藏書)
吾鼻三尺(오비삼척)	내 코가 석자 다. 곧 내 사정이 급해서 남을 돌볼 겨를이 없음
烏合之卒(오합지졸)	갑자기 모인 훈련 없는 군사
烏合之衆(오합지중)	규율도 통일성도 없는 군사
溫故知新(온고지신)	옛 것을 연구해 새 지식이나 견해를 폄
樂山樂水(요산요수)	산을 좋아하고 물을 좋아함. 곧 산수 자연을 좋아함
危機一髮(위기일발)	조금도 여유가 없이 아슬아슬하게 닥친 위기의 순간
類類相從(유유상종)	동류끼리 서로 내왕하며 사귐
悠悠自適(유유자적)	속세를 떠나 아무 속박 없이 자기 멋대로 마음을 편히 삶
隱忍自重(은인자중)	마음속으로 참으며 몸가짐을 조심함 (對) 輕擧妄動(경거망동)
以卵擊石(이란격석)	약한 것으로 강한 것을 당해 내려는 일의 비유 (類) 以卵投石(이란투석)
以心傳心(이심전심)	마음에서 마음으로 전달 됨
人面獸心(인면수심)	마음과 행동이 몹시 흉악함
人死留名(인사유명)	그 삶이 헛되지 않으면 방명(芳名)은 길이 남는 다는 말. (對) 虎死留皮(호사유피)
一刻千金(일각천금)	잠깐의 동안도 귀중하기가 천금과 같음
一擧兩得(일거양득)	한 가지 일을 하여 두 가지 이익을 거둠 (類) 一石二鳥(일석이조)
日久月深(일구월심)	날이 오래고 달이 깊어 감
一刀兩斷(일도양단)	칼로 쳐서 두 동강이를 내듯이 사물을 선뜻 결정함
一罰百戒(일벌백계)	한 사람이나 한 가지 죄과를 벌줌으로써 여러 사람을 경계함
一以貫之(일이관지)	한 이치로써 모든 일을 꿰뚫음
一衣帶水(일이대수)	한 줄기의 띠와 같은 좁은 강물이나 바닷물 (類) 指呼之間(지호지간)
一日三秋(일일삼추)	하루가 삼년 같다는 뜻으로 매우 지루하거나 몹시 애태우며 기다림의 비유
一日之長(일일지장)	하루 먼저 세상에 태어났다는 뜻으로 나이가 약간 위가 되는 일. 조금 나음
一長一短(일장일단)	장점도 있고 단점도 있음
一場春夢(일장춘몽)	한바탕의 봄꿈처럼 헛된 영화
一觸卽發(일촉즉발)	조금만 닿아도 곧 폭발할 것 같은 몹시 위험한 상태를 이름
日就月將(일취월장)	날로 달로 진보함
一片丹心(일편단심)	한 조각 붉음 마음. 한결같은 참된 정성
臨機應變(임기응변)	그 때 그 때 그 시기에 임하여 적당히 일을 처리함

고사성어 및 사자성어

고사·사자성어	뜻 풀 이
立身揚名(입신양명)	출세하여 세상에 이름을 드날림
自激之心(자격지심)	제가 한 일에 대해 제 스스로 미흡하게 여기는 마음
自業自得(자업자득)	제가 저지른 일에 과보를 제가 받음
自中之亂(자중지란)	자기네 패속에서 일어나는 싸움질
自畵自讚(자화자찬)	자기가 그린 그림을 스스로 칭찬함. 제일을 제가 칭찬함
電光石火(전광석화)	극히 짧은 시간. 아주 신속한 동작
轉禍爲福(전화위복)	재화가 바뀌어 도리어 복이 됨
頂門一鍼(정문일침)	따끔한 충고를 이르는 말
鳥足之血(조족지혈)	새 발의 피. 극히 적은 분량의 비유
足脫不及(족탈불급)	맨발로도 따라가지 못한다는 뜻으로 능력, 역량, 재질 따위의 차이가 뚜렷함을 이르는 말
存亡之秋(존망지추)	존재하느냐 멸망하느냐의 절박한 때
種豆得豆(종두득두)	콩을 심어 콩을 거둔다는 말. 원인에는 그에 따른 결과가 온다는 뜻
左之右之(좌지우지)	제 마음대로 처리함. 남을 마음대로 지휘함
左衝右突(좌충우돌)	이리저리 찌르고 다닥뜨림
晝耕夜讀(주경야독)	낮에는 농사짓고 밤에는 글을 읽음
走馬看山(주마간산)	바쁘고 어수선하여 되는 대로 휙휙 지나쳐 봄의 비유
酒池肉林(주지육림)	호사스런 술잔치
竹馬故友(죽마고우)	어렸을 때부터의 친한 벗 (類) 竹馬舊友(죽마구우)
衆寡不敵(중과부적)	적은 수효가 많은 수효를 대적하지 못 함
衆口難防(중구난방)	뭇사람의 말을 이루 막기가 어려움
知己之友(지기지우)	서로 마음이 통하는 벗
知命之年(지명지년)	50세를 이름. 공자가 50세에 천명을 알았다고 말한 데서 온 말
志學之年(지학지년)	15세를 이름. 공자가 15세 때 학문에 뜻을 두었다는 데에 연유 한다
指呼之間(지호지간)	손짓 해 부를 만한 가까운 거리
積土成山(적토성산)	흙이 쌓여 산이 된다는 말로, 작은 것도 많이 모이면 커진다는 말
進退維谷(진퇴유곡)	앞으로 나아갈 수도, 뒤로 물러날 수도 없이, 꼼짝할 수 없는 궁지에 빠짐 (類) 進退兩難(진퇴양난)
塵合泰山(진합태산)	티끌 모아 태산
天高馬肥(천고마비)	하늘이 높고 말이 살찐다는 뜻으로, 가을이 썩 좋은 절기임을 일컫는 말
千慮一得(천려일득)	어리석은 사람도 많은 생각 가운데는 한 가지쯤 좋은 생각이 미칠 수 있다는 말
千慮一失(천려일실)	지혜로운 사람도 많은 생각 가운데는 혹간 실책이 있을 수 있다는 말
天壤之差(천양지차)	하늘과 땅 사이와 같이 엄청난 차이
天壤之判(천양지판)	하늘과 땅 사이. 곧, 사물이 서로 엄청나게 다름을 일컫는 말
千載一遇(천재일우)	좀처럼 만나기 어려운 기회
千篇一律(천편일률)	여러 시문의 격조가 변화 없이 비슷비슷함. 사물이 다 비슷해 변화가 없음
草綠同色(초록동색)	동류끼리 어울린다는 뜻. 이름은 다르나 따지고 보면 한 가지 것이라는 말

고사성어 및 사자성어

고사·사자성어	뜻 풀 이
寸鐵殺人(촌철살인)	간단한 경구(警句)로 어떤 일의 급소를 찔러 사람을 감동시킴의 비유
秋風落葉(추풍낙엽)	세력 등이 낙엽처럼 시들어 우수수 떨어짐의 비유
出將入相(출장입상)	나가서는 장수가 되고 들어와서는 재상이 됨
忠言逆耳(충언역이)	충직한 말은 귀에 거슬려 불쾌함
醉生夢死(취생몽사)	아무 의미 없이, 이룬 일도 없이 한평생을 흐리멍덩하게 살아감
置之度外(치지도외)	내버려두고, 문제로 삼지 않음. 도외시하여 내버려 둠
他山之石(타산지석)	다른 사람의 하찮은 언행일지라도 자기의 지덕을 연마하는데 도움이 된다는 말
卓上空論(탁상공론)	실천성이 없는 허황한 이론
泰山北斗(태산북두)	태산과 북두성. 세상 사람으로부터 가장 존경 받는 사람
破邪顯正(파사현정)	사도를 깨뜨리고 정도를 나타내는 일
破顔大笑(파안대소)	얼굴빛을 부드럽게 하여 크게 웃음
破竹之勢(파죽지세)	대적을 거침없이 물리치고 쳐들어가는 당당한 기세
八方美人(팔방미인)	어느 모로 보나 아름다운 여인
風樹之嘆(풍수지탄)	효도하고자할 때에 이미 부모는 죽고 효행을 다하지 못하는 슬픔
風前燈火(풍전등화)	매우 위급한 자리에 놓여 있음을 가리키는 말
何待歲月(하대세월)	백년하청(百年河淸)
鶴首苦待(학수고대)	몹시 기다림
恒茶飯事(항다반사)	예사로운 일. 일상 있는 일
虛張聲勢(허장성세)	실속 없이 허세만 떠벌림
虎死留皮(호사유피)	호랑이는 죽어서 모피를 남긴다는 뜻
浩然之氣(호연지기)	하늘과 땅 사이에 넘치게 가득 찬, 넓고도 큰 원기
紅爐點雪(홍로점설)	단 화로에 눈 한 송이. 곧, 크나큰 일에 적은 힘이 아무 보람이 없음을 비유
花朝月夕(화조월석)	꽃 피는 아침과 달뜨는 저녁, 곧, 경치가 좋은 때
會者定離(회자정리)	만나는 자는 반드시 헤어질 운명에 있음
興亡盛衰(흥망성쇠)	흥하고 망하고 성하고 쇠함

※ 뜻이 비슷한 한자(類義字)

覺悟(각오)	康健(강건)	恭敬(공경)
貢獻(공헌)	貫徹(관철)	貫通(관통)
勉勵(면려)	滅亡(멸망)	茂盛(무성)
附屬(부속)	扶助(부조)	釋放(석방)
連絡(연락)	英特(영특)	憂愁(우수)
怨恨(원한)	隆盛(융성)	隆昌(융창)
仁慈(인자)	慈愛(자애)	淨潔(정결)
中央(중앙)	倉庫(창고)	尺度(척도)
淸潔(청결)	層階(층계)	恒常(항상)
和睦(화목)	皇帝(황제)	

※ 뜻이 반대·상대되는 한자(反對字·相對字)

姑 - 婦(고부)	旦 - 夕(단석)	腹 - 背(복배)
夫 - 妻(부처)	浮 - 沈(부침)	盛 - 衰(성쇠)
疏 - 密(소밀)	需 - 給(수급)	昇 - 降(승강)
深 - 淺(심천)	安 - 危(안위)	愛 - 憎(애증)
哀 - 歡(애환)	抑 - 揚(억양)	榮 - 辱(영욕)
隱 - 見·現·顯(은현)	長 - 幼(장유)	尊 - 卑(존비)
存 - 亡(존망)	縱 - 橫(종횡)	衆 - 寡(중과)
贊 - 反(찬반)	出 - 沒(출몰)	親 - 疏(친소)
表 - 裏(표리)	彼 - 此(피차)	賢 - 愚(현우)
好 - 惡(호오)	禍 - 福(화복)	厚 - 薄(후박)

※ 비슷한 뜻의 한자어(類義語)

九泉(구천)-黃泉(황천)　視野(시야)-視界(시계)　始祖(시조)-鼻祖(비조)
領土(영토)-版圖(판도)　威脅(위협)-脅迫(협박)　蒼空(창공)-碧空(벽공)
招待(초대)-招請(초청)　寸土(촌토)-尺土(척토)　海外(해외)-異域(이역)
戱弄(희롱)-弄絡(농락)

※ 뜻이 반대·상대되는 한자어(反對語·相對語)

可決(가결)-否決(부결)	剛健(강건)-柔弱(유약)	感情(감정)-理性(이성)
個別(개별)-全體(전체)	客觀(객관)-主觀(주관)	客體(객체)-主體(주체)
巨大(거대)-微小(미소)	巨富(거부)-極貧(극빈)	建設(건설)-破壞(파괴)
儉約(검약)-浪費(낭비)	輕減(경감)-加重(가중)	輕率(경솔)-愼重(신중)
輕視(경시)-重視(중시)	高雅(고아)-卑俗(비속)	固定(고정)-流通(유통)
高調(고조)-低調(저조)	供給(공급)-需要(수요)	空想(공상)-現實(현실)
官尊(관존)-民卑(민비)	光明(광명)-暗黑(암흑)	拘禁(구금)-釋放(석방)
求心(구심)-遠心(원심)	君子(군자)-小人(소인)	屈服(굴복)-抵抗(저항)
權利(권리)-義務(의무)	奇數(기수)-偶數(우수)	緊密(긴밀)-疏遠(소원)
吉兆(길조)-凶兆(흉조)	樂觀(낙관)-悲觀(비관)	落第(낙제)-及第(급제)
暖流(난류)-寒流(한류)	朗讀(낭독)-默讀(묵독)	內容(내용)-形式(형식)
老鍊(노련)-未熟(미숙)	能動(능동)-被動(피동)	多元(다원)-一元(일원)
單純(단순)-複雜(복잡)	單式(단식)-複式(복식)	短縮(단축)-延長(연장)
大乘(대승)-小乘(소승)	對話(대화)-獨白(독백)	動機(동기)-結果(결과)
登場(등장)-退場(퇴장)	漠然(막연)-確然(확연)	滅亡(멸망)-隆興(융흥)
名譽(명예)-恥辱(치욕)	無能(무능)-有能(유능)	物質(물질)-精神(정신)
微官(미관)-顯官(현관)	密集(밀집)-散在(산재)	反抗(반항)-服從(복종)
放心(방심)-操心(조심)	背恩(배은)-報恩(보은)	白髮(백발)-紅顔(홍안)
凡人(범인)-超人(초인)	別居(별거)-同居(동거)	保守(보수)-進步(진보)
本業(본업)-副業(부업)	富貴(부귀)-貧賤(빈천)	富裕(부유)-貧窮빈궁)
否認(부인)-是認(시인)	紛爭(분쟁)-和解(화해)	不運(불운)-幸運(행운)
非番(비번)-當番(당번)	非凡(비범)-平凡(평범)	悲哀(비애)-歡喜(환희)
死後(사후)-生前(생전)	散文(산문)-韻文(운문)	喪失(상실)-獲得(획득)
詳述(상술)-略述(약술)	生家(생가)-養家(양가)	生食(생식)-火食(화식)
先天(선천)-後天(후천)	成熟(성숙)-未熟(미숙)	消極(소극)-積極(적극)
所得(소득)-損失(손실)	疏遠(소원)-親近(친근)	順行(순행)-逆行(역행)
靈魂(영혼)-肉體(육체)	連敗(연패)-連勝(연승)	偶然(우연)-必然(필연)
恩惠(은혜)-怨恨(원한)	依他(의타)-自立(자립)	異端(이단)-正統(정통)
人爲(인위)-自然(자연)	立體(입체)-平面(평면)	自動(자동)-他動(타동)
自律(자율)-他律(타율)	自意(자의)-他意(타의)	低俗(저속)-高尙(고상)
敵對(적대)-友好(우호)	絕對(절대)-相對(상대)	漸進(점진)-急進(급진)
正午(정오)-子正(자정)	質疑(질의)-應答(응답)	縮小(축소)-擴大(확대)
快樂(쾌락)-苦痛(고통)	好況(호황)-不況(불황)	退化(퇴화)-進化(진화)
敗北(패배)-勝利(승리)	好材(호재)-惡材(악재)	好轉(호전)-逆轉(역전)
興奮(흥분)-安靜(안정)	興奮(흥분)-鎭靜(진정)	

加害者(가해자)-被害者(피해자)	感情的(감정적)-理性的(이성적)
內在律(내재율)-外在律(외재율)	門外漢(문외한)-專門家(전문가)
背日性(배일성)-向日性(향일성)	不文律(불문률)-成文律(성문률)
不法化(불법화)-合法化(합법화)	相對的(상대적)-絕對的(절대적)
革新派(혁신파)-保守派(보수파)	

※ 略字(약자)

價(価) : 값 가	假(仮) : 거짓 가	覺(覚) : 깨달을 각	據(拠) : 근거 거
擧(挙) : 들 거	儉(倹) : 검소할 검	劍(剣) : 칼 검	堅(堅) : 굳을 견
經(経) : 지날 경	輕(軽) : 가벼울 경	繼(継) : 이을 계	關(関) : 관계할 관
觀(観) : 볼 관	廣(広) : 넓을 광	鑛(鉱) : 쇳돌 광	舊(旧) : 옛 구
區(区) : 구분할 구	國(国) : 나라 국	勸(勧) : 권할 권	權(権) : 권세 권
歸(帰) : 돌아갈 귀	氣(気) : 기운 기	緊(紧) : 긴할 긴	斷(断) : 끊을 단
單(単) : 홑 단	團(団) : 둥글 단	擔(担) : 멜 담	當(当) : 마땅 당
黨(党) : 무리 당	對(対) : 대할 대	圖(図) : 그림 도	獨(独) : 홀로 독
讀(読) : 읽을 독	燈(灯) : 등 등	樂(楽) : 즐길 락	亂(乱) : 어지러울 란
來(来) : 올 래	兩(両) : 두 량	麗(麗) : 고울 려	勵(励) : 힘쓸 려
靈(霊) : 신령 령	禮(礼) : 예도 례	勞(労) : 일할 로	爐(炉) : 화로 로
龍(竜) : 용 룡	樓(楼) : 다락 루	萬(万) : 일만 만	滿(満) : 찰 만
賣(売) : 팔 매	發(発) : 필 발	變(変) : 변할 변	邊(辺) : 가 변
寶(宝) : 보배 보	佛(仏) : 부처 불	師(师) : 스승 사	辭(辞) : 말씀 사
絲(糸) : 실 사	寫(写) : 베낄 사	狀(状) : 형상 상	雙(双) : 두 쌍
釋(釈) : 풀 석	聲(声) : 소리 성	數(数) : 셈 수	獸(獣) : 짐승 수
壽(寿) : 목숨 수	隨(随) : 따를 수	肅(粛) : 엄숙할 숙	實(実) : 열매 실
兒(児) : 아이 아	亞(亜) : 버금 아	惡(悪) : 악할 악	壓(圧) : 누를 압
壤(壌) : 흙덩이 양	樣(様) : 모양 양	餘(余) : 남을 여	與(与) : 줄 여
驛(駅) : 역 역	譯(訳) : 번역할 역	榮(栄) : 영화 영	豫(予) : 미리 예
譽(誉) : 기릴 예	藝(芸) : 재주 예	圍(囲) : 에워쌀 위	應(応) : 응할 응
醫(医) : 의원 의	雜(雑) : 섞일 잡	壯(壮) : 장할 장	將(将) : 장수 장
獎(奨) : 장려할 장	裝(装) : 꾸밀 장	爭(争) : 다툴 쟁	轉(転) : 구를 전
傳(伝) : 전할 전	戰(戦) : 싸움 전	錢(銭) : 돈 전	點(点) : 점 점
齊(斉) : 가지런할 제	濟(済) : 건널 제	劑(剤) : 약제 제	參(参) : 참여할 참
處(処) : 곳 처	淺(浅) : 얕을 천	鐵(鉄) : 쇠 철	廳(庁) : 관청 청
聽(聴) : 들을 청	體(体) : 몸 체	總(総) : 다 총	蟲(虫) : 벌레 충
醉(酔) : 취할 취	齒(歯) : 이 치	稱(称) : 일컬을 칭	彈(弾) : 탄알 탄
擇(択) : 가릴 택	澤(沢) : 못 택	學(学) : 배울 학	解(解) : 풀 해
虛(虚) : 빌 허	顯(顕) : 나타날 현	賢(賢) : 어질 현	號(号) : 이름 호
畵(画) : 그림 화	懷(懐) : 품을 회	會(会) : 모일 회	興(兴) : 일 흥

다지기편

- 한자에 훈・음 쓰기
- 훈・음에 한자 쓰기
- 한자어에 독음 쓰기
- 독음에 한자 쓰기

※ 한자에 훈(訓:뜻)과 음(音:소리)을 쓰시오

乙 [ ]	丙 [ ]	克 [ ]	含 [ ]
刀 [ ]	付 [ ]	但 [ ]	佳 [ ]
久 [ ]	司 [ ]	弄 [ ]	姑 [ ]
弓 [ ]	央 [ ]	沒 [ ]	供 [ ]
凡 [ ]	幼 [ ]	伯 [ ]	怪 [ ]
已 [ ]	皮 [ ]	扶 [ ]	拘 [ ]
丈 [ ]	玄 [ ]	沙 [ ]	其 [ ]
介 [ ]	企 [ ]	邪 [ ]	孟 [ ]
及 [ ]	吏 [ ]	巡 [ ]	盲 [ ]
丹 [ ]	妄 [ ]	我 [ ]	附 [ ]
勿 [ ]	妃 [ ]	抑 [ ]	卑 [ ]
壬 [ ]	旬 [ ]	役 [ ]	肥 [ ]
井 [ ]	仰 [ ]	忍 [ ]	祀 [ ]
之 [ ]	亦 [ ]	廷 [ ]	尙 [ ]
尺 [ ]	宇 [ ]	坐 [ ]	刷 [ ]
片 [ ]	兆 [ ]	辰 [ ]	昇 [ ]
刊 [ ]	池 [ ]	肖 [ ]	侍 [ ]
巧 [ ]	此 [ ]	吹 [ ]	亞 [ ]
奴 [ ]	肝 [ ]	沈 [ ]	阿 [ ]
旦 [ ]	谷 [ ]	何 [ ]	岸 [ ]

※ 한자에 훈(訓:뜻)과 음(音:소리)을 쓰시오

沿 [　　　] 封 [　　　] 洪 [　　　] 紋 [　　　]
抵 [　　　] 奔 [　　　] 皇 [　　　] 般 [　　　]
征 [　　　] 帥 [　　　] 剛 [　　　] 峯 [　　　]
宙 [　　　] 述 [　　　] 兼 [　　　] 浮 [　　　]
昌 [　　　] 拾 [　　　] 耕 [　　　] 紛 [　　　]
妻 [　　　] 甚 [　　　] 哭 [　　　] 索 [　　　]
拓 [　　　] 哀 [　　　] 恭 [　　　] 徐 [　　　]
免 [　　　] 若 [　　　] 恐 [　　　] 恕 [　　　]
版 [　　　] 染 [　　　] 貢 [　　　] 衰 [　　　]
肺 [　　　] 幽 [　　　] 拳 [　　　] 殊 [　　　]
彼 [　　　] 柔 [　　　] 鬼 [　　　] 乘 [　　　]
虎 [　　　] 亭 [　　　] 娘 [　　　] 宴 [　　　]
忽 [　　　] 貞 [　　　] 茶 [　　　] 悅 [　　　]
契 [　　　] 柱 [　　　] 唐 [　　　] 烏 [　　　]
冠 [　　　] 洲 [　　　] 浪 [　　　] 悟 [　　　]
祈 [　　　] 卽 [　　　] 郎 [　　　] 辱 [　　　]
耐 [　　　] 促 [　　　] 凉 [　　　] 栽 [　　　]
突 [　　　] 殆 [　　　] 倫 [　　　] 症 [　　　]
茂 [　　　] 恒 [　　　] 栗 [　　　] 振 [　　　]
迫 [　　　] 胡 [　　　] 眠 [　　　] 疾 [　　　]

※ 한자에 훈(訓:뜻)과 음(音:소리)을 쓰시오

秩 [ ]	途 [ ]	悠 [ ]	補 [ ]
倉 [ ]	陶 [ ]	莊 [ ]	詞 [ ]
哲 [ ]	率 [ ]	寂 [ ]	森 [ ]
追 [ ]	陵 [ ]	笛 [ ]	喪 [ ]
値 [ ]	莫 [ ]	淨 [ ]	訴 [ ]
恥 [ ]	梅 [ ]	頂 [ ]	雅 [ ]
泰 [ ]	猛 [ ]	陳 [ ]	揚 [ ]
浦 [ ]	培 [ ]	執 [ ]	越 [ ]
被 [ ]	排 [ ]	彩 [ ]	猶 [ ]
脅 [ ]	逢 [ ]	戚 [ ]	裕 [ ]
浩 [ ]	符 [ ]	淺 [ ]	逸 [ ]
悔 [ ]	婢 [ ]	側 [ ]	掌 [ ]
脚 [ ]	惜 [ ]	畢 [ ]	粧 [ ]
乾 [ ]	旋 [ ]	陷 [ ]	裁 [ ]
訣 [ ]	疏 [ ]	距 [ ]	曾 [ ]
頃 [ ]	淑 [ ]	菊 [ ]	菜 [ ]
啓 [ ]	御 [ ]	琴 [ ]	策 [ ]
械 [ ]	軟 [ ]	絡 [ ]	超 [ ]
貫 [ ]	欲 [ ]	隆 [ ]	賀 [ ]
淡 [ ]	偶 [ ]	貿 [ ]	割 [ ]

※ 한자에 훈(訓:뜻)과 음(音:소리)을 쓰시오

項 [　]	愁 [　]	漠 [　]	齊 [　]
惑 [　]	愼 [　]	綿 [　]	蒸 [　]
換 [　]	愚 [　]	銘 [　]	蒼 [　]
稀 [　]	葬 [　]	貌 [　]	豪 [　]
幹 [　]	載 [　]	夢 [　]	魂 [　]
溪 [　]	著 [　]	蒙 [　]	禍 [　]
鼓 [　]	跡 [　]	碧 [　]	劃 [　]
誇 [　]	照 [　]	像 [　]	槪 [　]
較 [　]	催 [　]	裳 [　]	劍 [　]
禽 [　]	稚 [　]	署 [　]	稿 [　]
腦 [　]	塔 [　]	需 [　]	寬 [　]
廊 [　]	楓 [　]	壽 [　]	畿 [　]
裏 [　]	閣 [　]	僧 [　]	踏 [　]
盟 [　]	綱 [　]	飾 [　]	樓 [　]
滅 [　]	寡 [　]	獄 [　]	履 [　]
睦 [　]	慣 [　]	維 [　]	慕 [　]
微 [　]	緊 [　]	誘 [　]	輩 [　]
飯 [　]	寧 [　]	慈 [　]	緖 [　]
腹 [　]	臺 [　]	摘 [　]	熟 [　]
詳 [　]	幕 [　]	漸 [　]	審 [　]

※ 한자에 훈(訓:뜻)과 음(音:소리)을 쓰시오

影 [   ]   默 [   ]   霜 [   ]   釋 [   ]
慾 [   ]   奮 [   ]   瞬 [   ]   蘇 [   ]
憂 [   ]   輸 [   ]   翼 [   ]   壞 [   ]
潤 [   ]   隨 [   ]   縱 [   ]   譯 [   ]
暫 [   ]   憶 [   ]   還 [   ]   觸 [   ]
潛 [   ]   謂 [   ]   獲 [   ]   獻 [   ]
憎 [   ]   諸 [   ]   雙 [   ]   懸 [   ]
徵 [   ]   澤 [   ]   顔 [   ]   欄 [   ]
賤 [   ]   橫 [   ]   藏 [   ]   蘭 [   ]
踐 [   ]   戲 [   ]   蹟 [   ]   譽 [   ]
徹 [   ]   懇 [   ]   鎭 [   ]   鶴 [   ]
衝 [   ]   謙 [   ]   礎 [   ]   鑑 [   ]
醉 [   ]   館 [   ]   壞 [   ]   襲 [   ]
弊 [   ]   勵 [   ]   簿 [   ]   臟 [   ]
慧 [   ]   聯 [   ]   獸 [   ]   響 [   ]
錦 [   ]   鍊 [   ]   韻 [   ]   戀 [   ]
諾 [   ]   嶺 [   ]   贊 [   ]   巖 [   ]
曆 [   ]   臨 [   ]   懷 [   ]   驛 [   ]
賴 [   ]   薄 [   ]   爐 [   ]   靈 [   ]
謀 [   ]   繁 [   ]   露 [   ]   讓 [   ]

※ 훈(訓:뜻)과 음(音:소리)에 한자를 쓰시오

새 을 [ ]	남녘 병 [ ]	이길 극 [ ]	머금을 함 [ ]
칼 도 [ ]	부칠 부 [ ]	다만 단 [ ]	아름다울 가 [ ]
오랠 구 [ ]	맡을 사 [ ]	희롱할 롱 [ ]	시어미 고 [ ]
활 궁 [ ]	가운데 앙 [ ]	빠질 몰 [ ]	이바지할 공 [ ]
무릇 범 [ ]	어릴 유 [ ]	맏 백 [ ]	괴이할 괴 [ ]
이미 이 [ ]	가죽 피 [ ]	도울 부 [ ]	잡을 구 [ ]
어른 장 [ ]	검을 현 [ ]	모래 사 [ ]	그 기 [ ]
낄 개 [ ]	꾀할 기 [ ]	간사할 사 [ ]	맏 맹 [ ]
미칠 급 [ ]	관리 리 [ ]	돌 순 [ ]	소경 맹 [ ]
붉을 단 [ ]	망령할 망 [ ]	나 아 [ ]	불을 부 [ ]
말 물 [ ]	왕비 비 [ ]	누를 억 [ ]	낮을 비 [ ]
북방 임 [ ]	열흘 순 [ ]	부를 역 [ ]	살찔 비 [ ]
우물 정 [ ]	우러를 앙 [ ]	참을 인 [ ]	제사 사 [ ]
갈 지 [ ]	또 역 [ ]	조정 정 [ ]	오히려 상 [ ]
자 척 [ ]	집 우 [ ]	앉을 좌 [ ]	인쇄할 쇄 [ ]
조각 편 [ ]	억조 조 [ ]	별 진 [ ]	오를 승 [ ]
새길 간 [ ]	못 지 [ ]	닮을 초 [ ]	모실 시 [ ]
공교할 교 [ ]	이 차 [ ]	불 취 [ ]	버금 아 [ ]
종 노 [ ]	간 간 [ ]	잠길 침 [ ]	언덕 아 [ ]
아침 단 [ ]	골 곡 [ ]	어찌 하 [ ]	언덕 안 [ ]

※ 훈(訓:뜻)과 음(音:소리)에 한자를 쓰시오

물따라갈 연 [　　] 봉할 봉 [　　] 넓을 홍 [　　] 무늬 문 [　　]

막을 저 [　　] 달릴 분 [　　] 임금 황 [　　] 일반 반 [　　]

칠 정 [　　] 장수 수 [　　] 굳셀 강 [　　] 봉우리 봉 [　　]

집 주 [　　] 펼 술 [　　] 겸할 겸 [　　] 뜰 부 [　　]

창성할 창 [　　] 주울 습 [　　] 밭갈 경 [　　] 어지러울 분 [　　]

아내 처 [　　] 심할 심 [　　] 울 곡 [　　] 찾을 색 [　　]

넓힐 척 [　　] 슬플 애 [　　] 공손할 공 [　　] 천천할 서 [　　]

토끼 토 [　　] 같을 약 [　　] 두려울 공 [　　] 용서할 서 [　　]

판목 판 [　　] 물들 염 [　　] 바칠 공 [　　] 쇠할 쇠 [　　]

허파 폐 [　　] 그윽할 유 [　　] 주먹 권 [　　] 다를 수 [　　]

저 피 [　　] 부드러울 유 [　　] 귀신 귀 [　　] 탈 승 [　　]

범 호 [　　] 정자 정 [　　] 계집 낭 [　　] 잔치 연 [　　]

갑자기 홀 [　　] 곧을 정 [　　] 차 다(차) [　　] 기쁠 열 [　　]

맺을 계 [　　] 기둥 주 [　　] 당나라 당 [　　] 까마귀 오 [　　]

갓 관 [　　] 물가 주 [　　] 물결 랑 [　　] 깨달을 오 [　　]

빌 기 [　　] 곧 즉 [　　] 사내 랑 [　　] 욕될 욕 [　　]

견딜 내 [　　] 재촉할 촉 [　　] 서늘할 량 [　　] 심을 재 [　　]

갑자기 돌 [　　] 거의 태 [　　] 인륜 륜 [　　] 증세 증 [　　]

무성할 무 [　　] 항상 항 [　　] 밤 률 [　　] 떨칠 진 [　　]

핍박할 박 [　　] 되 호 [　　] 잘 면 [　　] 병 질 [　　]

※ 훈(訓:뜻)과 음(音:소리)에 한자를 쓰시오

차례 질 [　] 길 도 [　] 멀 유 [　] 기울 보 [　]
곳집 창 [　] 질그릇 도 [　] 씩씩할 장 [　] 말 사 [　]
밝을 철 [　] 거느릴 솔 [　] 고요할 적 [　] 수풀 삼 [　]
쫓을 추 [　] 언덕 릉 [　] 피리 적 [　] 잃을 상 [　]
값 치 [　] 없을 막 [　] 깨끗할 정 [　] 호소할 소 [　]
부끄러울 치 [　] 매화 매 [　] 정수리 정 [　] 맑을 아 [　]
클 태 [　] 사나울 맹 [　] 베풀 진 [　] 날릴 양 [　]
개 포 [　] 북돋을 배 [　] 잡을 집 [　] 넘을 월 [　]
입을 피 [　] 밀칠 배 [　] 채색 채 [　] 오히려 유 [　]
위협할 협 [　] 만날 봉 [　] 친척 척 [　] 넉넉할 유 [　]
넓을 호 [　] 부호 부 [　] 얕을 천 [　] 편안할 일 [　]
뉘우칠 회 [　] 계집종 비 [　] 곁 측 [　] 손바닥 장 [　]
다리 각 [　] 아낄 석 [　] 마칠 필 [　] 단장할 장 [　]
하늘 건 [　] 돌 선 [　] 빠질 함 [　] 옷마를 재 [　]
이별할 결 [　] 트일 소 [　] 상거할 거 [　] 일찍 증 [　]
잠깐 경 [　] 맑을 숙 [　] 국화 국 [　] 나물 채 [　]
열 계 [　] 거느릴 어 [　] 거문고 금 [　] 꾀 책 [　]
기계 계 [　] 연할 연 [　] 이을 락 [　] 뛰어넘어 초 [　]
꿸 관 [　] 하고자할 욕 [　] 높을 륭 [　] 하례할 하 [　]
물맑을 담 [　] 짝 우 [　] 무역할 무 [　] 벨 할 [　]

※ 훈(訓:뜻)과 음(音:소리)에 한자를 쓰시오

항목 항 [   ] 근심 수 [   ] 넓을 막 [   ] 가지런할 제 [   ]
미혹할 혹 [   ] 삼갈 신 [   ] 솜 면 [   ] 찔 증 [   ]
바꿀 환 [   ] 어리석을 우 [   ] 새길 명 [   ] 푸를 창 [   ]
드물 희 [   ] 장사지낼 장 [   ] 모양 모 [   ] 호걸 호 [   ]
줄기 간 [   ] 실을 재 [   ] 꿈 몽 [   ] 넋 혼 [   ]
시내 계 [   ] 나타날 저 [   ] 어두울 몽 [   ] 재앙 화 [   ]
북 고 [   ] 자취 적 [   ] 푸를 벽 [   ] 그을 획 [   ]
자랑할 과 [   ] 비칠 조 [   ] 모양 상 [   ] 대개 개 [   ]
비교 교 [   ] 재촉할 최 [   ] 치마 상 [   ] 칼 검 [   ]
새 금 [   ] 어릴 치 [   ] 관청 서 [   ] 볏짚 고 [   ]
골 뇌 [   ] 탑 탑 [   ] 쓸 수 [   ] 너그러울 관 [   ]
사랑채 랑 [   ] 단풍 풍 [   ] 목숨 수 [   ] 경기 기 [   ]
속 리 [   ] 집 각 [   ] 중 승 [   ] 밟을 답 [   ]
맹세 맹 [   ] 벼리 강 [   ] 꾸밀 식 [   ] 다락 루 [   ]
멸할 멸 [   ] 적을 과 [   ] 옥 옥 [   ] 밟을 리 [   ]
화목할 목 [   ] 익숙할 관 [   ] 벼리 유 [   ] 그릴 모 [   ]
작을 미 [   ] 긴할 긴 [   ] 꾈 유 [   ] 무리 배 [   ]
밥 반 [   ] 평안 녕 [   ] 사랑 자 [   ] 실마리 서 [   ]
배 복 [   ] 대 대 [   ] 딸 적 [   ] 익을 숙 [   ]
자세할 상 [   ] 장막 막 [   ] 점점 점 [   ] 살필 심 [   ]

※ 훈(訓:뜻)과 음(音:소리)에 한자를 쓰시오

그림자 영 [ ]	잠잠할 묵 [ ]	서리 상 [ ]	풀 석 [ ]
욕심 욕 [ ]	떨칠 분 [ ]	눈깜짝할 순 [ ]	되살아날 소 [ ]
근심 우 [ ]	보낼 수 [ ]	날개 익 [ ]	흙덩이 양 [ ]
붉은 윤 [ ]	따를 수 [ ]	세로 종 [ ]	번역할 역 [ ]
잠깐 잠 [ ]	생각할 억 [ ]	돌아올 환 [ ]	닿을 촉 [ ]
잠길 잠 [ ]	이를 위 [ ]	얻을 획 [ ]	드릴 헌 [ ]
미울 증 [ ]	모두 제 [ ]	두 쌍 [ ]	달 현 [ ]
부를 징 [ ]	못 택 [ ]	낯 안 [ ]	난간 란 [ ]
천할 천 [ ]	가로 횡 [ ]	감출 장 [ ]	난초 란 [ ]
밟을 천 [ ]	놀이 희 [ ]	자취 적 [ ]	기릴 예 [ ]
통할 철 [ ]	간절할 간 [ ]	진압할 진 [ ]	학 학 [ ]
찌를 충 [ ]	겸손한 겸 [ ]	주춧돌 초 [ ]	거울 감 [ ]
취할 취 [ ]	집 관 [ ]	무너질 괴 [ ]	엄습할 습 [ ]
폐단 폐 [ ]	힘쓸 려 [ ]	문서 부 [ ]	오장 장 [ ]
슬기로울 혜 [ ]	연이를 련 [ ]	짐승 수 [ ]	울릴 향 [ ]
비단 금 [ ]	쇠불릴 련 [ ]	운 운 [ ]	그릴 련 [ ]
허락할 낙 [ ]	고개 령 [ ]	도울 찬 [ ]	바위 암 [ ]
책력 력 [ ]	임할 임 [ ]	품을 회 [ ]	역 역 [ ]
의뢰할 뢰 [ ]	엷을 박 [ ]	화로 로 [ ]	신령 령 [ ]
꾀 모 [ ]	번성할 번 [ ]	이슬 로 [ ]	사양할 양 [ ]

※ 한자어에 독음을 쓰시오

乙方 [ ]	大凡 [ ]	勿驚 [ ]	破片 [ ]
乙夜 [ ]	已往 [ ]	勿論 [ ]	刊刻 [ ]
乙種 [ ]	不得已 [ ]	勿藥自效 [ ]	刊行 [ ]
軍刀 [ ]	丈夫 [ ]	壬方 [ ]	發刊 [ ]
短刀 [ ]	丈人 [ ]	井中觀天 [ ]	巧妙 [ ]
食刀 [ ]	老丈 [ ]	油井 [ ]	巧言 [ ]
永久 [ ]	介入 [ ]	天井 [ ]	技巧 [ ]
長久 [ ]	介在 [ ]	之東之西 [ ]	官奴 [ ]
持久 [ ]	及落 [ ]	易地思之 [ ]	農奴 [ ]
弓手 [ ]	及第 [ ]	尺度 [ ]	元旦 [ ]
弓術 [ ]	言及 [ ]	尺量 [ ]	丙科 [ ]
洋弓 [ ]	丹心 [ ]	曲尺 [ ]	丙方 [ ]
凡例 [ ]	丹田 [ ]	片月 [ ]	丙種 [ ]
凡夫 [ ]	丹靑 [ ]	片紙 [ ]	交付 [ ]

※ 한자어에 독음을 쓰시오

給付 [　　] 企圖 [　　] 亦是 [　　] 弄巧 [　　]

司令 [　　] 企業 [　　] 吉兆 [　　] 弄具 [　　]

司命 [　　] 吏頭 [　　] 億兆 [　　] 弄談 [　　]

司法 [　　] 官吏 [　　] 電池 [　　] 沒覺 [　　]

中央 [　　] 妄動 [　　] 天池 [　　] 沒頭 [　　]

幼年 [　　] 妄發 [　　] 此後 [　　] 沒落 [　　]

幼兒 [　　] 妄言 [　　] 如此 [　　] 伯母 [　　]

長幼 [　　] 王妃 [　　] 肝腸 [　　] 伯父 [　　]

皮革 [　　] 上旬 [　　] 谷風 [　　] 畵伯 [　　]

毛皮 [　　] 中旬 [　　] 深谷 [　　] 扶養 [　　]

木皮 [　　] 下旬 [　　] 克己 [　　] 扶助 [　　]

玄德 [　　] 仰祝 [　　] 克服 [　　] 相扶 [　　]

玄妙 [　　] 信仰 [　　] 克治 [　　] 沙工 [　　]

玄米 [　　] 推仰 [　　] 但書 [　　] 沙土 [　　]

※ 한자어에 독음을 쓰시오

白沙 [　　] 兵役 [　　] 不肖 [　　] 佳作 [　　]

邪敎 [　　] 服役 [　　] 吹毛 [　　] 姑母 [　　]

邪氣 [　　] 忍苦 [　　] 吹入 [　　] 姑婦 [　　]

邪心 [　　] 堅忍 [　　] 沈沒 [　　] 姑息之計 [　　]

巡警 [　　] 不忍 [　　] 沈水 [　　] 供給 [　　]

巡訪 [　　] 廷論 [　　] 沈痛 [　　] 供物 [　　]

巡察 [　　] 法廷 [　　] 何等 [　　] 供養 [　　]

我國 [　　] 朝廷 [　　] 何事 [　　] 怪奇 [　　]

我田引水 [　　] 坐骨 [　　] 何必 [　　] 怪力 [　　]

無我 [　　] 坐視 [　　] 含量 [　　] 怪漢 [　　]

抑留 [　　] 坐不安席 [　　] 含有 [　　] 拘禁 [　　]

抑壓 [　　] 辰星 [　　] 包含 [　　] 拘留 [　　]

抑制 [　　] 辰時 [　　] 佳約 [　　] 拘束 [　　]

役軍 [　　] 日辰 [　　] 佳人 [　　] 其實 [　　]

※ 한자어에 독음을 쓰시오

其人 [　　] 肥料 [　　] 亞細亞 [　　] 大抵 [　　]

孟冬 [　　] 天高馬肥 [　　] 亞鉛 [　　] 征伐 [　　]

孟母 [　　] 祭祀 [　　] 亞熱帶 [　　] 征服 [　　]

孟子 [　　] 尙古 [　　] 阿女 [　　] 遠征 [　　]

盲信 [　　] 尙武 [　　] 阿附 [　　] 宇宙 [　　]

盲人 [　　] 崇尙 [　　] 阿片 [　　] 昌盛 [　　]

盲從 [　　] 刷新 [　　] 岸曲 [　　] 昌世 [　　]

附加 [　　] 印刷 [　　] 岸壁 [　　] 昌言 [　　]

附近 [　　] 昇級 [　　] 海岸 [　　] 妻家 [　　]

附錄 [　　] 昇給 [　　] 沿岸 [　　] 妻弟 [　　]

卑屈 [　　] 昇進 [　　] 沿海 [　　] 妻族 [　　]

卑俗 [　　] 侍女 [　　] 沿革 [　　] 拓地 [　　]

尊卑 [　　] 侍從 [　　] 抵當 [　　] 開拓 [　　]

肥大 [　　] 內侍 [　　] 抵抗 [　　] 拓本 [　　]

※ 한자어에 독음을 쓰시오

兎月 [　　] 忽然 [　　] 突起 [　　] 元帥 [　　]

版木 [　　] 忽忽 [　　] 突變 [　　] 將帥 [　　]

版稅 [　　] 契約 [　　] 茂林 [　　] 述語 [　　]

銅版 [　　] 契約書 [　　] 茂盛 [　　] 論述 [　　]

肺結核 [　　] 契印 [　　] 茂才 [　　] 序述 [　　]

肺熱 [　　] 冠帶 [　　] 迫急 [　　] 拾得 [　　]

肺腸 [　　] 弱冠 [　　] 迫頭 [　　] 收拾 [　　]

彼我 [　　] 王冠 [　　] 壓迫 [　　] 甚難 [　　]

彼此 [　　] 祈雨祭 [　　] 封建 [　　] 甚惡 [　　]

此日彼日 [　　] 祈願 [　　] 封送 [　　] 哀曲 [　　]

虎骨 [　　] 耐久 [　　] 封印 [　　] 哀願 [　　]

虎班 [　　] 耐寒 [　　] 奔忙 [　　] 哀痛 [　　]

虎皮 [　　] 忍耐 [　　] 奔放 [　　] 若干 [　　]

忽視 [　　] 突擊 [　　] 奔走 [　　] 若是 [　　]

※ 한자어에 독음을 쓰시오

染工 [　　] 柱石 [　　] 危殆 [　　] 剛柔 [　　]

染料 [　　] 電柱 [　　] 恒久 [　　] 剛直 [　　]

染色 [　　] 支柱 [　　] 恒常 [　　] 兼務 [　　]

幽谷 [　　] 滿洲 [　　] 恒時 [　　] 兼備 [　　]

幽深 [　　] 沙洲 [　　] 胡瓜 [　　] 兼愛 [　　]

幽幽 [　　] 五大洲 [　　] 胡國 [　　] 耕夫 [　　]

柔道 [　　] 卽刻 [　　] 胡亂 [　　] 耕作 [　　]

柔順 [　　] 卽決 [　　] 洪水 [　　] 耕地 [　　]

柔弱 [　　] 卽興 [　　] 洪川 [　　] 哭聲 [　　]

亭子 [　　] 促迫 [　　] 洪波 [　　] 哀哭 [　　]

亭亭 [　　] 促成 [　　] 皇家 [　　] 痛哭 [　　]

貞潔 [　　] 促進 [　　] 皇都 [　　] 恭儉 [　　]

貞淑 [　　] 困殆 [　　] 皇妃 [　　] 恭敬 [　　]

貞操 [　　] 白戰不殆 [　　] 剛健 [　　] 恭待 [　　]

※ 한자어에 독음을 쓰시오

恐妻家 [   ]   茶菓 [   ]   寒凉 [   ]   今般 [   ]

驚恐 [   ]   茶房 [   ]   倫理 [   ]   全般 [   ]

貢納 [   ]   茶禮 [   ]   五倫 [   ]   峯頭 [   ]

貢物 [   ]   唐突 [   ]   天倫 [   ]   峯勢 [   ]

秋貢 [   ]   唐詩 [   ]   栗烈 [   ]   峯雲 [   ]

拳法 [   ]   唐材 [   ]   栗房 [   ]   浮動 [   ]

拳術 [   ]   浪費 [   ]   戰慄 [   ]   浮生 [   ]

鐵拳 [   ]   浪說 [   ]   眠食 [   ]   浮游 [   ]

鬼神 [   ]   放浪 [   ]   冬眠 [   ]   紛亂 [   ]

鬼氣 [   ]   郎君 [   ]   不眠 [   ]   紛爭 [   ]

鬼才 [   ]   新郎 [   ]   紋樣 [   ]   內紛 [   ]

娘細胞 [   ]   花郎 [   ]   紋織 [   ]   索引 [   ]

娘子 [   ]   納凉 [   ]   指紋 [   ]   探索 [   ]

娘子軍 [   ]   清凉 [   ]   般若 [   ]   徐羅伐 [   ]

※ 한자어에 독음을 쓰시오

徐行 [　　] 悅樂 [　　] 症狀 [　　] 哲人 [　　]

徐徐 [　　] 悅愛 [　　] 重症 [　　] 明哲 [　　]

容恕 [　　] 喜悅 [　　] 痛症 [　　] 追加 [　　]

忠恕 [　　] 烏骨鷄 [　　] 振起 [　　] 追擊 [　　]

衰弱 [　　] 烏合之卒 [　　] 振動 [　　] 追求 [　　]

衰殘 [　　] 嗚呼 [　　] 振興 [　　] 價値 [　　]

盛衰 [　　] 悟性 [　　] 疾病 [　　] 數値 [　　]

特殊 [　　] 覺悟 [　　] 疾患 [　　] 恥骨 [　　]

乘客 [　　] 大悟 [　　] 眼疾 [　　] 恥辱 [　　]

乘馬 [　　] 困辱 [　　] 秩序 [　　] 國恥 [　　]

乘車 [　　] 屈辱 [　　] 倉庫 [　　] 泰山 [　　]

宴席 [　　] 榮辱 [　　] 倉穀 [　　] 泰然 [　　]

宴會 [　　] 盆栽 [　　] 官倉 [　　] 泰初 [　　]

酒宴 [　　] 移栽 [　　] 哲理 [　　] 浦口 [　　]

※ 한자어에 독음을 쓰시오

浦落 [　　] 脚光 [　　] 機械 [　　] 率直 [　　]

浦田 [　　] 脚色 [　　] 貫通 [　　] 家率 [　　]

被告 [　　] 脚線美 [　　] 本貫 [　　] 陵墓 [　　]

被動 [　　] 乾性 [　　] 始終一貫 [　　] 古陵 [　　]

被害 [　　] 乾魚 [　　] 淡泊 [　　] 王陵 [　　]

脅恐 [　　] 乾草 [　　] 淡水 [　　] 莫上莫下 [　　]

脅迫 [　　] 訣別 [　　] 清淡 [　　] 莫逆之友 [　　]

威脅 [　　] 口訣 [　　] 途上 [　　] 莫重 [　　]

浩大 [　　] 永訣 [　　] 途中 [　　] 梅實 [　　]

浩然之氣 [　　] 頃刻 [　　] 中途 [　　] 紅梅 [　　]

浩歎 [　　] 萬頃 [　　] 陶工 [　　] 黃梅 [　　]

悔改 [　　] 啓告 [　　] 陶器 [　　] 猛犬 [　　]

悔過 [　　] 啓發 [　　] 陶染 [　　] 猛烈 [　　]

悔心 [　　] 啓示 [　　] 率先 [　　] 猛威 [　　]

※ 한자어에 독음을 쓰시오

培養 [　　] 侍婢 [　　] 御醫 [　　] 莊嚴 [　　]

培土 [　　] 惜別 [　　] 御筆 [　　] 莊園 [　　]

栽培 [　　] 惜敗 [　　] 軟骨 [　　] 別莊 [　　]

排擊 [　　] 哀惜 [　　] 軟弱 [　　] 寂寂 [　　]

排列 [　　] 旋律 [　　] 柔軟 [　　] 靜寂 [　　]

排置 [　　] 旋風 [　　] 欲求 [　　] 閑寂 [　　]

逢變 [　　] 旋回 [　　] 欲望 [　　] 笛聲 [　　]

逢着 [　　] 疏待 [　　] 欲速不達 [　　] 汽笛 [　　]

相逢 [　　] 疏林 [　　] 偶發 [　　] 胡笛 [　　]

符信 [　　] 疏通 [　　] 偶人 [　　] 淨水 [　　]

符號 [　　] 淑女 [　　] 配偶 [　　] 淨化 [　　]

音符 [　　] 淑德 [　　] 悠久 [　　] 淸淨 [　　]

官婢 [　　] 貞淑 [　　] 悠然 [　　] 頂門 [　　]

奴婢 [　　] 御命 [　　] 悠悠自適 [　　] 頂上 [　　]

※ 한자어에 독음을 쓰시오

頂點 [　　] 淺才 [　　] 菊花 [　　] 補給 [　　]

陳述 [　　] 淺水 [　　] 黃菊 [　　] 詞曲 [　　]

陳列 [　　] 側近 [　　] 琴曲 [　　] 歌詞 [　　]

陳情 [　　] 側面 [　　] 琴聲 [　　] 副詞 [　　]

執權 [　　] 側室 [　　] 風琴 [　　] 森羅 [　　]

執務 [　　] 畢納 [　　] 經絡 [　　] 森羅萬象 [　　]

執筆 [　　] 畢業 [　　] 脈絡 [　　] 森林 [　　]

彩色 [　　] 陷落 [　　] 連絡 [　　] 喪家 [　　]

光彩 [　　] 陷沒 [　　] 隆起 [　　] 喪禮 [　　]

色彩 [　　] 缺陷 [　　] 隆盛 [　　] 喪服 [　　]

外戚 [　　] 距離 [　　] 隆興 [　　] 訴願 [　　]

親戚 [　　] 射距離 [　　] 貿易 [　　] 訴狀 [　　]

婚戚 [　　] 相距 [　　] 補强 [　　] 提訴 [　　]

淺識 [　　] 菊版 [　　] 補缺 [　　] 雅量 [　　]

※ 한자어에 독음을 쓰시오

雅致 [　　] 安逸 [　　] 菜食 [　　] 惑星 [　　]

雅號 [　　] 隱逸 [　　] 策略 [　　] 不惑 [　　]

揚揚 [　　] 掌中 [　　] 計策 [　　] 疑惑 [　　]

激揚 [　　] 仙人掌 [　　] 對策 [　　] 換價 [　　]

宣揚 [　　] 合掌 [　　] 超過 [　　] 換穀 [　　]

越境 [　　] 粧鏡 [　　] 超越 [　　] 換氣 [　　]

越權 [　　] 粧面 [　　] 超人 [　　] 稀貴 [　　]

越等 [　　] 裁斷 [　　] 賀客 [　　] 稀少 [　　]

猶豫 [　　] 裁量 [　　] 賀禮 [　　] 古稀 [　　]

猶太敎 [　　] 裁判 [　　] 祝賀 [　　] 幹部 [　　]

裕福 [　　] 曾孫 [　　] 割據 [　　] 幹事 [　　]

裕裕 [　　] 曾祖 [　　] 分割 [　　] 幹線 [　　]

餘裕 [　　] 菜根 [　　] 項目 [　　] 溪谷 [　　]

逸品 [　　] 菜刀 [　　] 條項 [　　] 溪流 [　　]

※ 한자어에 독음을 쓰시오

深溪 [   ]　廊下 [   ]　微動 [   ]　哀愁 [   ]

鼓動 [   ]　高廊 [   ]　微量 [   ]　愼重 [   ]

鼓手 [   ]　宮廊 [   ]　微力 [   ]　愚公移山 [   ]

小鼓 [   ]　裏面 [   ]　飯店 [   ]　愚民 [   ]

誇大 [   ]　裏書 [   ]　飯酒 [   ]　愚人 [   ]

誇示 [   ]　表裏 [   ]　朝飯 [   ]　葬禮 [   ]

誇張 [   ]　盟約 [   ]　腹部 [   ]　葬事 [   ]

大較 [   ]　盟友 [   ]　空腹 [   ]　葬地 [   ]

比較 [   ]　同盟 [   ]　割腹自殺 [   ]　登載 [   ]

家禽 [   ]　滅亡 [   ]　詳考 [   ]　滿載 [   ]

猛禽 [   ]　滅族 [   ]　詳說 [   ]　積載 [   ]

腦炎 [   ]　滅種 [   ]　詳細 [   ]　著名 [   ]

大腦 [   ]　親睦 [   ]　愁心 [   ]　著書 [   ]

頭腦 [   ]　和睦 [   ]　客愁 [   ]　著述 [   ]

※ 한자어에 독음을 쓰시오

史跡 [　　] 寶塔 [　　] 慣行 [　　] 沙漠 [　　]

遺跡 [　　] 楓林 [　　] 緊急 [　　] 綿羊 [　　]

筆跡 [　　] 丹楓 [　　] 緊密 [　　] 綿織 [　　]

照明 [　　] 閣議 [　　] 緊縮 [　　] 純綿 [　　]

落照 [　　] 閣下 [　　] 康寧 [　　] 銘心 [　　]

參照 [　　] 內閣 [　　] 安寧 [　　] 碑銘 [　　]

催眠 [　　] 綱領 [　　] 臺本 [　　] 座右銘 [　　]

開催 [　　] 紀綱 [　　] 燈臺 [　　] 面貌 [　　]

主催 [　　] 要綱 [　　] 舞臺 [　　] 美貌 [　　]

稚孫 [　　] 寡婦 [　　] 幕舍 [　　] 容貌 [　　]

稚魚 [　　] 寡少 [　　] 軍幕 [　　] 夢想 [　　]

幼稚 [　　] 衆寡 [　　] 閉幕 [　　] 吉夢 [　　]

塔頭 [　　] 慣例 [　　] 漠漠 [　　] 惡夢 [　　]

燈塔 [　　] 慣習 [　　] 漠然 [　　] 啓蒙 [　　]

※ 한자어에 독음을 쓰시오

童蒙 [　　] 需要 [　　] 維新 [　　] 均齊 [　　]

幼蒙 [　　] 內需 [　　] 維持 [　　] 整齊 [　　]

碧溪 [　　] 壽命 [　　] 誘導 [　　] 蒸氣 [　　]

碧空 [　　] 壽福 [　　] 誘引 [　　] 蒸發 [　　]

碧眼 [　　] 長壽 [　　] 誘致 [　　] 蒼空 [　　]

銅像 [　　] 僧舞 [　　] 慈堂 [　　] 蒼白 [　　]

想像 [　　] 僧房 [　　] 慈母 [　　] 蒼天 [　　]

肖像 [　　] 道僧 [　　] 慈善 [　　] 豪傑 [　　]

綠衣紅裳 [　　] 假飾 [　　] 摘要 [　　] 豪放 [　　]

衣裳 [　　] 修飾 [　　] 摘出 [　　] 豪雨 [　　]

署理 [　　] 裝飾 [　　] 指摘 [　　] 招魂 [　　]

署長 [　　] 獄死 [　　] 漸漸 [　　] 忠魂 [　　]

消防署 [　　] 監獄 [　　] 漸進 [　　] 鬪魂 [　　]

需給 [　　] 脫獄 [　　] 漸次 [　　] 禍根 [　　]

※ 한자어에 독음을 쓰시오

禍福 [ ]	寬待 [ ]	追慕 [ ]	圓影 [ ]
災禍 [ ]	寬容 [ ]	輩出 [ ]	投影 [ ]
劃一 [ ]	寬厚 [ ]	先輩 [ ]	慾求 [ ]
劃定 [ ]	京畿 [ ]	後輩 [ ]	慾望 [ ]
計劃 [ ]	踏査 [ ]	緖論 [ ]	慾心 [ ]
槪略 [ ]	踏山 [ ]	緖言 [ ]	憂國 [ ]
槪論 [ ]	樓閣 [ ]	情緖 [ ]	憂慮 [ ]
槪要 [ ]	樓下 [ ]	熟達 [ ]	憂愁 [ ]
劍客 [ ]	望樓 [ ]	熟練 [ ]	潤氣 [ ]
劍道 [ ]	履歷 [ ]	熟知 [ ]	暫時 [ ]
劍法 [ ]	履修 [ ]	審理 [ ]	暫定 [ ]
稿料 [ ]	履行 [ ]	審問 [ ]	潛伏 [ ]
原稿 [ ]	思慕 [ ]	審査 [ ]	潛水 [ ]
脫稿 [ ]	愛慕 [ ]	影印本 [ ]	潛入 [ ]

※ 한자어에 독음을 쓰시오

憎惡 [ ]　衝動 [ ]　曆書 [ ]　輸送 [ ]

愛憎 [ ]　醉客 [ ]　曆日 [ ]　輸血 [ ]

徵兵 [ ]　醉氣 [ ]　陽曆 [ ]　運輸 [ ]

徵集 [ ]　醉中 [ ]　信賴 [ ]　隨時 [ ]

徵表 [ ]　弊家 [ ]　依賴 [ ]　隨行 [ ]

賤待 [ ]　弊端 [ ]　謀略 [ ]　夫唱婦隨 [ ]

賤視 [ ]　弊習 [ ]　謀事 [ ]　記憶 [ ]

貴賤 [ ]　慧性 [ ]　謀議 [ ]　追憶 [ ]

實踐 [ ]　慧心 [ ]　默過 [ ]　可謂 [ ]

徹夜 [ ]　慧智 [ ]　默念 [ ]　所謂 [ ]

徹底 [ ]　美錦 [ ]　默讀 [ ]　諸國 [ ]

貫徹 [ ]　受諾 [ ]　奮發 [ ]　諸君 [ ]

衝激 [ ]　承諾 [ ]　奮鬪 [ ]　諸般 [ ]

衝突 [ ]　許諾 [ ]　興奮 [ ]　德澤 [ ]

※ 한자어에 독음을 쓰시오

潤澤 [ ]　　館舍 [ ]　　山嶺 [ ]　　瞬息間 [ ]

惠澤 [ ]　　公館 [ ]　　臨檢 [ ]　　一瞬 [ ]

橫斷 [ ]　　大使館 [ ]　　臨機應變 [ ]　　翼卵 [ ]

橫列 [ ]　　督勵 [ ]　　臨終 [ ]　　右翼 [ ]

橫暴 [ ]　　勉勵 [ ]　　薄待 [ ]　　左翼 [ ]

戱曲 [ ]　　獎勵 [ ]　　薄利 [ ]　　縱斷 [ ]

戱劇 [ ]　　聯關 [ ]　　薄命 [ ]　　縱隊 [ ]

戱弄 [ ]　　聯立 [ ]　　繁盛 [ ]　　縱線 [ ]

懇曲 [ ]　　聯盟 [ ]　　繁榮 [ ]　　還國 [ ]

懇切 [ ]　　鍊金 [ ]　　繁昌 [ ]　　還給 [ ]

懇請 [ ]　　鍊武 [ ]　　霜降 [ ]　　還鄕 [ ]

謙辭 [ ]　　訓鍊 [ ]　　霜雪 [ ]　　獲得 [ ]

謙稱 [ ]　　嶺東 [ ]　　秋霜 [ ]　　漁獲 [ ]

謙虛 [ ]　　嶺西 [ ]　　瞬間 [ ]　　雙童 [ ]

※ 한자어에 독음을 쓰시오

雙方 [　　] 礎材 [　　] 贊助 [　　] 蘇生 [　　]

雙眼鏡 [　　] 基礎 [　　] 贊意 [　　] 蘇息 [　　]

顔料 [　　] 壞滅 [　　] 懷古 [　　] 蘇鐵 [　　]

顔面 [　　] 壞血病 [　　] 懷柔 [　　] 壤土 [　　]

顔色 [　　] 破壞 [　　] 懷疑 [　　] 擊壤 [　　]

藏本 [　　] 簿記 [　　] 爐頭 [　　] 土壤 [　　]

藏置 [　　] 帳簿 [　　] 香爐 [　　] 譯官 [　　]

所藏 [　　] 獸心 [　　] 火爐 [　　] 譯書 [　　]

史蹟 [　　] 獸醫 [　　] 露宿 [　　] 譯解 [　　]

筆蹟 [　　] 禽獸 [　　] 露店 [　　] 觸感 [　　]

鎭壓 [　　] 韻文 [　　] 露出 [　　] 觸發 [　　]

鎭痛 [　　] 韻字 [　　] 釋放 [　　] 觸手 [　　]

鎭火 [　　] 韻致 [　　] 釋然 [　　] 獻金 [　　]

礎石 [　　] 贊成 [　　] 釋典 [　　] 獻納 [　　]

※ 한자어에 독음을 쓰시오

獻身 [　　] 榮譽 [　　] 臟器 [　　] 巖石 [　　]

懸燈 [　　] 稱譽 [　　] 內臟 [　　] 驛館 [　　]

懸賞 [　　] 鶴舞 [　　] 五臟 [　　] 驛吏 [　　]

懸板 [　　] 鶴首苦待 [　　] 鼓響 [　　] 驛亭 [　　]

欄干 [　　] 群鷄一鶴 [　　] 影響 [　　] 靈感 [　　]

欄外 [　　] 鑑賞 [　　] 音響 [　　] 靈鬼 [　　]

空欄 [　　] 鑑識 [　　] 戀慕 [　　] 靈物 [　　]

蘭房 [　　] 鑑定 [　　] 戀愛 [　　] 讓步 [　　]

蘭草 [　　] 襲擊 [　　] 戀情 [　　] 讓位 [　　]

金蘭 [　　] 空襲 [　　] 巖壁 [　　] 辭讓 [　　]

名譽 [　　] 急襲 [　　]

※ 독음에 한자를 쓰시오

을방 [   ]   대범 [   ]   물경 [   ]   파편 [   ]

을야 [   ]   이왕 [   ]   물론 [   ]   간각 [   ]

을종 [   ]   부득이 [   ]   물약자효 [   ]   간행 [   ]

군도 [   ]   장부 [   ]   임방 [   ]   발간 [   ]

단도 [   ]   장인 [   ]   정중관천 [   ]   교묘 [   ]

식도 [   ]   노장 [   ]   유정 [   ]   교언 [   ]

영구 [   ]   개입 [   ]   천정 [   ]   기교 [   ]

장구 [   ]   개재 [   ]   지동지서 [   ]   관노 [   ]

지구 [   ]   급락 [   ]   역지사지 [   ]   농노 [   ]

궁수 [   ]   급제 [   ]   척도 [   ]   원단 [   ]

궁술 [   ]   언급 [   ]   척량 [   ]   병과 [   ]

양궁 [   ]   단심 [   ]   곡척 [   ]   병방 [   ]

범례 [   ]   단전 [   ]   편월 [   ]   병종 [   ]

범부 [   ]   단청 [   ]   편지 [   ]   교부 [   ]

※ 독음에 한자를 쓰시오

급부 [　　] 기도 [　　] 역시 [　　] 농교 [　　]

사령 [　　] 기업 [　　] 길조 [　　] 농구 [　　]

사명 [　　] 이두 [　　] 억조 [　　] 농담 [　　]

사법 [　　] 관리 [　　] 전지 [　　] 몰각 [　　]

중앙 [　　] 망동 [　　] 천지 [　　] 몰두 [　　]

유년 [　　] 망발 [　　] 차후 [　　] 몰락 [　　]

유아 [　　] 망언 [　　] 여차 [　　] 백모 [　　]

장유 [　　] 왕비 [　　] 간장 [　　] 백부 [　　]

피혁 [　　] 상순 [　　] 곡풍 [　　] 화백 [　　]

모피 [　　] 중순 [　　] 심곡 [　　] 부양 [　　]

목피 [　　] 하순 [　　] 극기 [　　] 부조 [　　]

현덕 [　　] 앙축 [　　] 극복 [　　] 상부 [　　]

현묘 [　　] 신앙 [　　] 극치 [　　] 사공 [　　]

현미 [　　] 추앙 [　　] 단서 [　　] 사토 [　　]

※ 독음에 한자를 쓰시오

백사 [　　　] 병역 [　　　] 불초 [　　　] 가작 [　　　]

사교 [　　　] 복역 [　　　] 취모 [　　　] 고모 [　　　]

사기 [　　　] 인고 [　　　] 취입 [　　　] 고부 [　　　]

사심 [　　　] 견인 [　　　] 침몰 [　　　] 고식지계 [　　　]

순경 [　　　] 불인 [　　　] 침수 [　　　] 공급 [　　　]

순방 [　　　] 정론 [　　　] 침통 [　　　] 공물 [　　　]

순찰 [　　　] 법정 [　　　] 하등 [　　　] 공양 [　　　]

아국 [　　　] 조정 [　　　] 하사 [　　　] 괴기 [　　　]

아전인수 [　　　] 좌골 [　　　] 하필 [　　　] 괴력 [　　　]

무아 [　　　] 좌시 [　　　] 함량 [　　　] 괴한 [　　　]

억류 [　　　] 좌불안석 [　　　] 함유 [　　　] 구금 [　　　]

억압 [　　　] 진성 [　　　] 포함 [　　　] 구류 [　　　]

억제 [　　　] 진시 [　　　] 가약 [　　　] 구속 [　　　]

역군 [　　　] 일진 [　　　] 가인 [　　　] 기실 [　　　]

※ 독음에 한자를 쓰시오

기인 [ ]	비료 [ ]	아세아 [ ]	대저 [ ]
맹동 [ ]	천고마비 [ ]	아연 [ ]	정벌 [ ]
맹모 [ ]	제사 [ ]	아열대 [ ]	정복 [ ]
맹자 [ ]	상고 [ ]	아녀 [ ]	원정 [ ]
맹신 [ ]	상무 [ ]	아부 [ ]	우주 [ ]
맹인 [ ]	승상 [ ]	아편 [ ]	창성 [ ]
맹종 [ ]	쇄신 [ ]	안곡 [ ]	창세 [ ]
부가 [ ]	인쇄 [ ]	안벽 [ ]	창언 [ ]
부근 [ ]	승급 [ ]	해안 [ ]	처가 [ ]
부록 [ ]	승급 [ ]	연안 [ ]	처제 [ ]
비굴 [ ]	승진 [ ]	연해 [ ]	처족 [ ]
비속 [ ]	시녀 [ ]	연혁 [ ]	척지 [ ]
존비 [ ]	시종 [ ]	저당 [ ]	개척 [ ]
비대 [ ]	내시 [ ]	저항 [ ]	탁본 [ ]

※ 독음에 한자를 쓰시오

토월 [　　] 홀연 [　　] 돌기 [　　] 원수 [　　]

판목 [　　] 홀홀 [　　] 돌변 [　　] 장수 [　　]

판세 [　　] 계약 [　　] 무림 [　　] 술어 [　　]

동판 [　　] 계약서 [　　] 무성 [　　] 논술 [　　]

폐결핵 [　　] 계인 [　　] 무재 [　　] 서술 [　　]

폐열 [　　] 관대 [　　] 박급 [　　] 습득 [　　]

폐장 [　　] 약관 [　　] 박두 [　　] 수습 [　　]

피아 [　　] 왕관 [　　] 압박 [　　] 심난 [　　]

피차 [　　] 기우제 [　　] 봉건 [　　] 심악 [　　]

차일피일 [　　] 기원 [　　] 봉송 [　　] 애곡 [　　]

호골 [　　] 내구 [　　] 봉인 [　　] 애원 [　　]

호반 [　　] 내한 [　　] 분망 [　　] 애통 [　　]

호피 [　　] 인내 [　　] 분방 [　　] 약간 [　　]

홀시 [　　] 돌격 [　　] 분주 [　　] 약시 [　　]

※ 독음에 한자를 쓰시오

염공 [　　] 주석 [　　] 위태 [　　] 강유 [　　]

염료 [　　] 전주 [　　] 항구 [　　] 강직 [　　]

염색 [　　] 지주 [　　] 항상 [　　] 겸무 [　　]

유곡 [　　] 만주 [　　] 항시 [　　] 겸비 [　　]

유심 [　　] 사주 [　　] 호과 [　　] 겸애 [　　]

유유 [　　] 오대주 [　　] 호국 [　　] 경부 [　　]

유도 [　　] 즉각 [　　] 호란 [　　] 경작 [　　]

유순 [　　] 즉결 [　　] 홍수 [　　] 경지 [　　]

유약 [　　] 즉흥 [　　] 홍천 [　　] 곡성 [　　]

정자 [　　] 촉박 [　　] 홍파 [　　] 애곡 [　　]

정정 [　　] 촉성 [　　] 황가 [　　] 통곡 [　　]

정결 [　　] 촉진 [　　] 황도 [　　] 공검 [　　]

정숙 [　　] 곤태 [　　] 황비 [　　] 공경 [　　]

정조 [　　] 백전불태 [　　] 강건 [　　] 공대 [　　]

※ 독음에 한자를 쓰시오

공처가 [   ] 다과 [   ] 한량 [   ] 금반 [   ]

경공 [   ] 다방 [   ] 유리 [   ] 전반 [   ]

공납 [   ] 차례 [   ] 오륜 [   ] 봉두 [   ]

공물 [   ] 당돌 [   ] 천륜 [   ] 봉세 [   ]

추공 [   ] 당시 [   ] 율렬 [   ] 봉운 [   ]

권법 [   ] 당재 [   ] 율방 [   ] 부동 [   ]

권술 [   ] 낭비 [   ] 전율 [   ] 부생 [   ]

철권 [   ] 낭설 [   ] 면식 [   ] 부유 [   ]

귀신 [   ] 방랑 [   ] 동면 [   ] 분란 [   ]

귀기 [   ] 낭군 [   ] 불면 [   ] 분쟁 [   ]

귀재 [   ] 신랑 [   ] 문양 [   ] 내분 [   ]

낭세포 [   ] 화랑 [   ] 문직 [   ] 색인 [   ]

낭자 [   ] 납량 [   ] 지문 [   ] 탐색 [   ]

낭자군 [   ] 청량 [   ] 반야 [   ] 서라벌 [   ]

※ 독음에 한자를 쓰시오

서행 [ ]	열락 [ ]	증상 [ ]	철인 [ ]
서서 [ ]	열애 [ ]	중증 [ ]	명철 [ ]
용서 [ ]	희열 [ ]	통증 [ ]	추가 [ ]
충서 [ ]	오골계 [ ]	진기 [ ]	추격 [ ]
쇠약 [ ]	오합지졸 [ ]	진동 [ ]	추구 [ ]
쇠잔 [ ]	오호 [ ]	진흥 [ ]	가치 [ ]
성쇠 [ ]	오성 [ ]	질병 [ ]	수치 [ ]
특수 [ ]	각오 [ ]	질환 [ ]	치골 [ ]
승객 [ ]	대오 [ ]	안질 [ ]	치욕 [ ]
승마 [ ]	곤욕 [ ]	질서 [ ]	극치 [ ]
승차 [ ]	굴욕 [ ]	창고 [ ]	태산 [ ]
연석 [ ]	영욕 [ ]	창곡 [ ]	태연 [ ]
연회 [ ]	분재 [ ]	관창 [ ]	태초 [ ]
주연 [ ]	이재 [ ]	철리 [ ]	포구 [ ]

※ 독음에 한자를 쓰시오

포락 [　　] 각광 [　　] 기계 [　　] 솔직 [　　]

포전 [　　] 각색 [　　] 관통 [　　] 가솔 [　　]

피고 [　　] 각선미 [　　] 본관 [　　] 능묘 [　　]

피동 [　　] 건성 [　　] 시종일관 [　　] 고릉 [　　]

피해 [　　] 건어 [　　] 담박 [　　] 왕릉 [　　]

협공 [　　] 건초 [　　] 담수 [　　] 막상막하 [　　]

협박 [　　] 결별 [　　] 청담 [　　] 막역지우 [　　]

위협 [　　] 구결 [　　] 도상 [　　] 막중 [　　]

호대 [　　] 영결 [　　] 도중 [　　] 매실 [　　]

호연지기 [　　] 경각 [　　] 중도 [　　] 홍매 [　　]

호탄 [　　] 만경 [　　] 도공 [　　] 황매 [　　]

회개 [　　] 계고 [　　] 도기 [　　] 맹견 [　　]

회과 [　　] 계발 [　　] 도염 [　　] 맹렬 [　　]

회심 [　　] 계시 [　　] 솔선 [　　] 맹위 [　　]

※ 독음에 한자를 쓰시오

배양 [　　] 시비 [　　] 어의 [　　] 장엄 [　　]

배토 [　　] 석별 [　　] 어필 [　　] 장원 [　　]

재배 [　　] 석패 [　　] 연골 [　　] 별장 [　　]

배격 [　　] 애석 [　　] 연약 [　　] 적적 [　　]

배열 [　　] 선율 [　　] 유연 [　　] 정적 [　　]

배치 [　　] 선풍 [　　] 욕구 [　　] 한적 [　　]

봉변 [　　] 선회 [　　] 욕망 [　　] 적성 [　　]

봉착 [　　] 소대 [　　] 욕속부달 [　　] 기적 [　　]

상봉 [　　] 소림 [　　] 우발 [　　] 호적 [　　]

부신 [　　] 소통 [　　] 우인 [　　] 정수 [　　]

부호 [　　] 숙녀 [　　] 배우 [　　] 정화 [　　]

음부 [　　] 숙덕 [　　] 유구 [　　] 청정 [　　]

관비 [　　] 정숙 [　　] 유연 [　　] 정문 [　　]

노비 [　　] 어명 [　　] 유유자적 [　　] 정상 [　　]

※ 독음에 한자를 쓰시오

정점 [   ] 천재 [   ] 국화 [   ] 보급 [   ]

진술 [   ] 천수 [   ] 황국 [   ] 사곡 [   ]

진렬 [   ] 측근 [   ] 금곡 [   ] 가사 [   ]

진정 [   ] 측면 [   ] 금성 [   ] 부사 [   ]

집권 [   ] 측실 [   ] 풍금 [   ] 삼라 [   ]

집무 [   ] 필납 [   ] 경락 [   ] 삼라만상 [   ]

집필 [   ] 필업 [   ] 맥락 [   ] 삼림 [   ]

채색 [   ] 함락 [   ] 연락 [   ] 상가 [   ]

광채 [   ] 함몰 [   ] 융기 [   ] 상례 [   ]

색채 [   ] 결함 [   ] 륭성 [   ] 상복 [   ]

외척 [   ] 거리 [   ] 융흥 [   ] 소원 [   ]

친척 [   ] 사거리 [   ] 무역 [   ] 소장 [   ]

혼척 [   ] 상거 [   ] 보강 [   ] 제소 [   ]

천식 [   ] 국판 [   ] 보결 [   ] 아량 [   ]

※ 독음에 한자를 쓰시오

아치 [   ] 안일 [   ] 채식 [   ] 혹성 [   ]

아호 [   ] 은일 [   ] 책략 [   ] 불혹 [   ]

양양 [   ] 장중 [   ] 계책 [   ] 의혹 [   ]

격양 [   ] 선인장 [   ] 대책 [   ] 환가 [   ]

선양 [   ] 합장 [   ] 초과 [   ] 환곡 [   ]

월경 [   ] 장경 [   ] 초월 [   ] 환기 [   ]

월권 [   ] 장면 [   ] 초인 [   ] 희귀 [   ]

월등 [   ] 재단 [   ] 하객 [   ] 희소 [   ]

유예 [   ] 재량 [   ] 하례 [   ] 고희 [   ]

유태교 [   ] 재판 [   ] 축하 [   ] 간부 [   ]

유복 [   ] 증손 [   ] 할거 [   ] 간사 [   ]

유유 [   ] 증조 [   ] 분할 [   ] 간선 [   ]

여유 [   ] 채근 [   ] 항목 [   ] 계곡 [   ]

일품 [   ] 채도 [   ] 조항 [   ] 계류 [   ]

※ 독음에 한자를 쓰시오

심계 [　　] 낭하 [　　] 미동 [　　] 애수 [　　]

고동 [　　] 고랑 [　　] 미량 [　　] 신중 [　　]

고수 [　　] 궁랑 [　　] 미력 [　　] 우공이산 [　　]

소고 [　　] 이면 [　　] 반점 [　　] 우민 [　　]

과대 [　　] 이서 [　　] 반주 [　　] 우인 [　　]

과시 [　　] 표리 [　　] 조반 [　　] 장례 [　　]

과장 [　　] 맹약 [　　] 복부 [　　] 장사 [　　]

대교 [　　] 맹우 [　　] 공복 [　　] 장지 [　　]

비교 [　　] 동맹 [　　] 할복자살 [　　] 등재 [　　]

가금 [　　] 멸망 [　　] 상고 [　　] 만재 [　　]

맹금 [　　] 멸족 [　　] 상설 [　　] 적재 [　　]

뇌염 [　　] 멸종 [　　] 상세 [　　] 저명 [　　]

대뇌 [　　] 친목 [　　] 수심 [　　] 저서 [　　]

두뇌 [　　] 화목 [　　] 객수 [　　] 저술 [　　]

※ 독음에 한자를 쓰시오

사적 [　　　] 보탑 [　　　] 관행 [　　　] 사막 [　　　]

유적 [　　　] 풍림 [　　　] 긴급 [　　　] 면양 [　　　]

필적 [　　　] 단풍 [　　　] 긴밀 [　　　] 면직 [　　　]

조명 [　　　] 각의 [　　　] 긴축 [　　　] 숙면 [　　　]

낙조 [　　　] 각하 [　　　] 강녕 [　　　] 명심 [　　　]

참조 [　　　] 내각 [　　　] 안녕 [　　　] 비명 [　　　]

최면 [　　　] 강령 [　　　] 대본 [　　　] 좌우명 [　　　]

개최 [　　　] 기강 [　　　] 등대 [　　　] 면모 [　　　]

주최 [　　　] 요강 [　　　] 무대 [　　　] 미모 [　　　]

치손 [　　　] 과부 [　　　] 막사 [　　　] 용모 [　　　]

치아 [　　　] 과소 [　　　] 군막 [　　　] 몽상 [　　　]

유치 [　　　] 증과 [　　　] 폐막 [　　　] 길몽 [　　　]

탑두 [　　　] 관례 [　　　] 막막 [　　　] 악몽 [　　　]

등탑 [　　　] 관습 [　　　] 막연 [　　　] 계몽 [　　　]

※ 독음에 한자를 쓰시오

동몽 [　　　] 수요 [　　　] 유신 [　　　] 균제 [　　　]

유몽 [　　　] 내수 [　　　] 유지 [　　　] 정제 [　　　]

벽계 [　　　] 수명 [　　　] 유도 [　　　] 증기 [　　　]

벽공 [　　　] 수복 [　　　] 유인 [　　　] 증발 [　　　]

벽안 [　　　] 장수 [　　　] 유치 [　　　] 창공 [　　　]

동상 [　　　] 승무 [　　　] 자당 [　　　] 창백 [　　　]

상상 [　　　] 승방 [　　　] 자모 [　　　] 창천 [　　　]

초상 [　　　] 도승 [　　　] 자선 [　　　] 호걸 [　　　]

녹의홍상 [　　　] 가식 [　　　] 적요 [　　　] 호방 [　　　]

의상 [　　　] 수식 [　　　] 적출 [　　　] 호우 [　　　]

서리 [　　　] 장식 [　　　] 지적 [　　　] 초혼 [　　　]

서장 [　　　] 옥사 [　　　] 점점 [　　　] 충혼 [　　　]

소방서 [　　　] 감옥 [　　　] 점진 [　　　] 투혼 [　　　]

수급 [　　　] 탈옥 [　　　] 점차 [　　　] 화근 [　　　]

※ 독음에 한자를 쓰시오

화복 [   ] 관대 [   ] 추모 [   ] 원영 [   ]

재화 [   ] 관용 [   ] 배출 [   ] 투영 [   ]

획일 [   ] 관후 [   ] 선배 [   ] 욕구 [   ]

획정 [   ] 경기 [   ] 후배 [   ] 욕망 [   ]

계획 [   ] 답사 [   ] 서론 [   ] 욕심 [   ]

개략 [   ] 답산 [   ] 서언 [   ] 우국 [   ]

개론 [   ] 누각 [   ] 정서 [   ] 우려 [   ]

개요 [   ] 누하 [   ] 숙달 [   ] 우수 [   ]

검객 [   ] 망루 [   ] 숙련 [   ] 윤기 [   ]

검도 [   ] 이력 [   ] 숙지 [   ] 잠시 [   ]

검법 [   ] 이수 [   ] 심리 [   ] 잠정 [   ]

고료 [   ] 이행 [   ] 심문 [   ] 잠복 [   ]

원고 [   ] 사모 [   ] 심사 [   ] 잠수 [   ]

탈고 [   ] 애모 [   ] 영인본 [   ] 잠입 [   ]

※ 독음에 한자를 쓰시오

증오 [　　] 충동 [　　] 역서 [　　] 수송 [　　]

애증 [　　] 취객 [　　] 역일 [　　] 수혈 [　　]

징병 [　　] 취기 [　　] 양력 [　　] 운수 [　　]

징집 [　　] 취중 [　　] 신뢰 [　　] 수시 [　　]

징표 [　　] 폐가 [　　] 의뢰 [　　] 수행 [　　]

천대 [　　] 폐단 [　　] 모략 [　　] 부창부수 [　　]

천시 [　　] 폐습 [　　] 모사 [　　] 기억 [　　]

귀천 [　　] 혜성 [　　] 모의 [　　] 추억 [　　]

실천 [　　] 혜심 [　　] 묵과 [　　] 가위 [　　]

철야 [　　] 혜지 [　　] 묵념 [　　] 소위 [　　]

철저 [　　] 미음 [　　] 묵독 [　　] 제국 [　　]

관철 [　　] 수락 [　　] 분발 [　　] 제군 [　　]

충격 [　　] 승낙 [　　] 분투 [　　] 제반 [　　]

충돌 [　　] 허락 [　　] 흥분 [　　] 덕택 [　　]

※ 독음에 한자를 쓰시오

윤택 [   ] 관사 [   ] 산령 [   ] 순식간 [   ]

혜택 [   ] 공관 [   ] 임검 [   ] 일순 [   ]

횡단 [   ] 대사관 [   ] 임기응변 [   ] 익란 [   ]

횡렬 [   ] 독려 [   ] 임종 [   ] 우익 [   ]

횡포 [   ] 면려 [   ] 박대 [   ] 좌익 [   ]

희곡 [   ] 장려 [   ] 박리 [   ] 종단 [   ]

희극 [   ] 연관 [   ] 박명 [   ] 종대 [   ]

희롱 [   ] 연립 [   ] 번성 [   ] 종선 [   ]

간곡 [   ] 연맹 [   ] 번영 [   ] 환국 [   ]

간절 [   ] 연금 [   ] 번창 [   ] 환급 [   ]

간청 [   ] 연무 [   ] 상강 [   ] 환향 [   ]

겸사 [   ] 훈련 [   ] 상설 [   ] 획득 [   ]

겸칭 [   ] 영동 [   ] 추상 [   ] 어획 [   ]

겸허 [   ] 영서 [   ] 순간 [   ] 쌍동 [   ]

※ 독음에 한자를 쓰시오

쌍방 [   ]   초재 [   ]   찬조 [   ]   소생 [   ]

쌍안경 [   ]   기초 [   ]   찬의 [   ]   소식 [   ]

안료 [   ]   괴멸 [   ]   회고 [   ]   소철 [   ]

안면 [   ]   괴혈병 [   ]   회유 [   ]   양도 [   ]

안색 [   ]   파괴 [   ]   회의 [   ]   격양 [   ]

장본 [   ]   부기 [   ]   노두 [   ]   토양 [   ]

장치 [   ]   장부 [   ]   향로 [   ]   역관 [   ]

소장 [   ]   수심 [   ]   화로 [   ]   역서 [   ]

사적 [   ]   수의 [   ]   노숙 [   ]   역해 [   ]

필적 [   ]   금수 [   ]   노점 [   ]   촉감 [   ]

진압 [   ]   운문 [   ]   노출 [   ]   촉발 [   ]

진통 [   ]   운자 [   ]   석방 [   ]   촉수 [   ]

진화 [   ]   운치 [   ]   석연 [   ]   헌금 [   ]

초석 [   ]   찬성 [   ]   석전 [   ]   헌납 [   ]

※ 독음에 한자를 쓰시오

헌신 [   ] 영예 [   ] 장기 [   ] 암석 [   ]

현등 [   ] 칭예 [   ] 내장 [   ] 역관 [   ]

현상 [   ] 학무 [   ] 오장 [   ] 역리 [   ]

현판 [   ] 학수고대 [   ] 고향 [   ] 역정 [   ]

난간 [   ] 군계일학 [   ] 영향 [   ] 영감 [   ]

난외 [   ] 감상 [   ] 음향 [   ] 영귀 [   ]

공란 [   ] 감식 [   ] 연모 [   ] 영물 [   ]

난방 [   ] 감정 [   ] 연애 [   ] 양보 [   ]

난초 [   ] 습격 [   ] 연정 [   ] 양위 [   ]

금란 [   ] 공습 [   ] 암벽 [   ] 사양 [   ]

명예 [   ] 급습 [   ]

※ 한자에 훈(訓:뜻)과 음(音:소리)을 쓰시오 [추가분]

牙	[ ]	徑	[ ]	透	[ ]	奪	[ ]
丘	[ ]	桂	[ ]	偏	[ ]	蓮	[ ]
瓦	[ ]	倒	[ ]	荷	[ ]	墨	[ ]
穴	[ ]	桃	[ ]	硬	[ ]	盤	[ ]
羽	[ ]	凍	[ ]	菌	[ ]	緩	[ ]
仲	[ ]	桑	[ ]	貸	[ ]	震	[ ]
吐	[ ]	租	[ ]	渡	[ ]	遷	[ ]
汗	[ ]	珠	[ ]	裂	[ ]	編	[ ]
狂	[ ]	株	[ ]	媒	[ ]	廢	[ ]
免	[ ]	借	[ ]	湯	[ ]	鋼	[ ]
尾	[ ]	畜	[ ]	隔	[ ]	糖	[ ]
泥	[ ]	浸	[ ]	祿	[ ]	磨	[ ]
拔	[ ]	捕	[ ]	雷	[ ]	燒	[ ]
芳	[ ]	荒	[ ]	塞	[ ]	燕	[ ]
拂	[ ]	胸	[ ]	賃	[ ]	錯	[ ]
垂	[ ]	梁	[ ]	殿	[ ]	衡	[ ]
芽	[ ]	累	[ ]	債	[ ]	償	[ ]
炎	[ ]	麻	[ ]	蓋	[ ]	禪	[ ]
刺	[ ]	晚	[ ]	漏	[ ]	濕	[ ]
枝	[ ]	麥	[ ]	鳳	[ ]	騎	[ ]
架	[ ]	斜	[ ]	腐	[ ]	覆	[ ]
削	[ ]	蛇	[ ]	賦	[ ]	鎖	[ ]
疫	[ ]	訟	[ ]	僞	[ ]	譜	[ ]
胃	[ ]	淫	[ ]	滯	[ ]	鑄	[ ]
奏	[ ]	紫	[ ]	漆	[ ]	鹽	[ ]

- 163 -

※ 훈(訓:뜻)과 음(音:소리)에 한자를 쓰시오 [추가분]

어금니 아 [　]	지름길 경 [　]	통할 투 [　]	빼앗을 탈 [　]
언덕 구 [　]	계수나무 계 [　]	치우칠 편 [　]	연꽃 연 [　]
기와 와 [　]	넘어질 도 [　]	멜 하 [　]	먹 묵 [　]
구멍 혈 [　]	복숭아 도 [　]	굳을 경 [　]	소반 반 [　]
깃 우 [　]	얼 동 [　]	버섯 균 [　]	느릴 완 [　]
버금 중 [　]	뽕나무 상 [　]	빌릴 대 [　]	우레 진 [　]
토할 토 [　]	세금 조 [　]	건널 도 [　]	옮길 천 [　]
땀 한 [　]	구슬 주 [　]	찢어질 렬 [　]	엮을 편 [　]
미칠 광 [　]	그루터기 주 [　]	중매 매 [　]	폐할 폐 [　]
면할 면 [　]	빌 차 [　]	끓을 탕 [　]	강철 강 [　]
꼬리 미 [　]	짐승 축 [　]	사이뜰 격 [　]	엿 당 [　]
진흙 니 [　]	잠길 침 [　]	녹 록 [　]	갈 마 [　]
뽑을 발 [　]	잡을 포 [　]	우뢰 뢰 [　]	사흘 소 [　]
꽃다울 방 [　]	거칠 황 [　]	막힐 색 [　]	제비 연 [　]
떨칠 불 [　]	가슴 흉 [　]	품삯 임 [　]	어긋날 착 [　]
드리울 수 [　]	들보 량 [　]	궁궐 전 [　]	저울대 형 [　]
싹 아 [　]	여러 루 [　]	빚 채 [　]	갚을 상 [　]
불꽃 염 [　]	삼 마 [　]	덮을 개 [　]	참선 선 [　]
찌를 자 [　]	저물 만 [　]	샐 루 [　]	젖을 습 [　]
가지 지 [　]	보리 맥 [　]	봉황새 봉 [　]	말탈 기 [　]
시렁 가 [　]	비낄 사 [　]	썩을 부 [　]	덮을 복 [　]
깎을 삭 [　]	긴뱀 사 [　]	부세 부 [　]	쇠사슬 쇄 [　]
전염병 역 [　]	송사할 송 [　]	거짓 위 [　]	족보 보 [　]
밥통 위 [　]	음란할 음 [　]	막힐 체 [　]	쇠불릴 주 [　]
아뢸 주 [　]	자줏빛 자 [　]	옻 칠 [　]	소금 염 [　]

※ 한자어에 독음을 쓰시오 [추가분]

牙器 [　　] 仲秋節 [　　] 後尾 [　　] 綠芽 [　　]

象牙 [　　] 吐露 [　　] 泥土 [　　] 發芽 [　　]

齒牙 [　　] 實吐 [　　] 泥工 [　　] 新芽 [　　]

丘里之言 [　　] 汗蒸 [　　] 拔群 [　　] 炎症 [　　]

丘首 [　　] 冷汗 [　　] 拔本 [　　] 炎天 [　　]

沙丘 [　　] 多汗 [　　] 選拔 [　　] 火炎 [　　]

瓦家 [　　] 狂犬 [　　] 芳年 [　　] 刺客 [　　]

瓦工 [　　] 狂氣 [　　] 芳草 [　　] 刺殺 [　　]

青瓦 [　　] 狂亂 [　　] 芳春 [　　] 刺傷 [　　]

穴居 [　　] 免稅 [　　] 拂入 [　　] 枝葉 [　　]

虎穴 [　　] 免罪 [　　] 支拂 [　　] 竹枝 [　　]

洞穴 [　　] 免職 [　　] 垂範 [　　] 幹枝 [　　]

毛羽 [　　] 尾行 [　　] 垂楊 [　　] 架空 [　　]

仲介 [　　] 首尾 [　　] 垂直 [　　] 架橋 [　　]

※ 한자어에 독음을 쓰시오

書架 [　　] 桂皮 [　　] 珠算 [　　] 捕校 [　　]

削減 [　　] 月桂 [　　] 珠玉 [　　] 捕盜 [　　]

削除 [　　] 倒産 [　　] 珠板 [　　] 捕捉 [　　]

疫病 [　　] 倒置 [　　] 株價 [　　] 荒唐 [　　]

疫神 [　　] 打倒 [　　] 株主 [　　] 荒凉 [　　]

胃液 [　　] 桃李 [　　] 新株 [　　] 荒野 [　　]

胃炎 [　　] 桃源 [　　] 借金 [　　] 胸背 [　　]

胃腸 [　　] 桃花 [　　] 借用 [　　] 胸部 [　　]

奏上 [　　] 凍結 [　　] 假借 [　　] 胸中 [　　]

奏書 [　　] 凍死 [　　] 畜類 [　　] 梁上君子 [　　]

奏請 [　　] 凍傷 [　　] 畜舍 [　　] 橋梁 [　　]

半徑 [　　] 桑田碧海 [　　] 家畜 [　　] 累計 [　　]

直徑 [　　] 租稅 [　　] 浸水 [　　] 累積 [　　]

側徑 [　　] 田租 [　　] 浸染 [　　] 累卵之危 [　　]

※ 한자어에 독음을 쓰시오

麻立干 [　　　]　青蛇 [　　　]　荷擔 [　　　]　渡美 [　　　]

麻醉 [　　　]　訟事 [　　　]　荷物 [　　　]　裂傷 [　　　]

大麻 [　　　]　訴訟 [　　　]　荷重 [　　　]　分裂 [　　　]

晚年 [　　　]　淫女 [　　　]　硬骨 [　　　]　破裂 [　　　]

晚成 [　　　]　淫談 [　　　]　硬度 [　　　]　媒介 [　　　]

晚學 [　　　]　淫亂 [　　　]　硬化 [　　　]　媒體 [　　　]

麥農 [　　　]　紫禁城 [　　　]　滅菌 [　　　]　仲媒 [　　　]

麥作 [　　　]　紅紫 [　　　]　病菌 [　　　]　藥湯 [　　　]

麥皮 [　　　]　透過 [　　　]　殺菌 [　　　]　熱湯 [　　　]

斜路 [　　　]　透明 [　　　]　貸本 [　　　]　浴湯 [　　　]

斜面 [　　　]　透視 [　　　]　貸與 [　　　]　隔離 [　　　]

斜視 [　　　]　偏見 [　　　]　貸出 [　　　]　隔世之感 [　　　]

毒蛇 [　　　]　偏傾 [　　　]　渡江 [　　　]　隔差 [　　　]

白蛇 [　　　]　偏食 [　　　]　渡來 [　　　]　祿邑 [　　　]

※ 한자어에 독음을 쓰시오

官祿 [　　] 債務 [　　] 僞裝 [　　] 墨家 [　　]

國祿 [　　] 公債 [　　] 僞造 [　　] 墨客 [　　]

雷鼓 [　　] 負債 [　　] 滯納 [　　] 墨畵 [　　]

雷聲 [　　] 蓋然性 [　　] 滯念 [　　] 盤石 [　　]

雷雨 [　　] 漏氣 [　　] 滯留 [　　] 骨盤 [　　]

塞源 [　　] 漏落 [　　] 漆器 [　　] 銀盤 [　　]

邊塞 [　　] 漏電 [　　] 漆板 [　　] 緩急 [　　]

要塞 [　　] 腐敗 [　　] 漆黑 [　　] 緩慢 [　　]

賃金 [　　] 豆腐 [　　] 奪還 [　　] 緩衝 [　　]

賃貸 [　　] 陳腐 [　　] 强奪 [　　] 震怒 [　　]

賃借 [　　] 賦課 [　　] 掠奪 [　　] 震動 [　　]

殿閣 [　　] 賦金 [　　] 蓮根 [　　] 地震 [　　]

殿堂 [　　] 賦與 [　　] 蓮池 [　　] 遷都 [　　]

聖殿 [　　] 僞書 [　　] 蓮花 [　　] 遷職 [　　]

※ 한자어에 독음을 쓰시오

變遷 [　　　] 研磨 [　　　] 無償 [　　　] 覆土 [　　　]

編物 [　　　] 鍊磨 [　　　] 辨償 [　　　] 鎖骨 [　　　]

編成 [　　　] 燒失 [　　　] 禪家 [　　　] 鎖國 [　　　]

編入 [　　　] 燒酒 [　　　] 禪敎 [　　　] 閉鎖 [　　　]

廢家 [　　　] 全燒 [　　　] 禪院 [　　　] 系譜 [　　　]

廢刊 [　　　] 燕尾服 [　　　] 濕氣 [　　　] 樂譜 [　　　]

廢校 [　　　] 錯覺 [　　　] 濕潤 [　　　] 族譜 [　　　]

鋼鐵 [　　　] 錯亂 [　　　] 濕地 [　　　] 鑄工 [　　　]

鋼板 [　　　] 錯誤 [　　　] 騎馬 [　　　] 鑄物 [　　　]

製鋼 [　　　] 衡平 [　　　] 騎兵 [　　　] 鑄造 [　　　]

糖類 [　　　] 均衡 [　　　] 騎士 [　　　] 鹽分 [　　　]

糖分 [　　　] 平衡 [　　　] 覆蓋 [　　　] 鹽田 [　　　]

乳糖 [　　　] 償還 [　　　] 覆面 [　　　] 食鹽 [　　　]

磨滅 [　　　]

※ 한자어에 독음을 쓰시오

아기 [   ] 중추절 [   ] 후미 [   ] 녹아 [   ]

상아 [   ] 토로 [   ] 이토 [   ] 발아 [   ]

치아 [   ] 실토 [   ] 이공 [   ] 신아 [   ]

우리지언 [   ] 한증 [   ] 발균 [   ] 염증 [   ]

구수 [   ] 냉한 [   ] 발본 [   ] 염천 [   ]

사구 [   ] 다한 [   ] 선발 [   ] 화염 [   ]

와가 [   ] 광견 [   ] 방년 [   ] 자객 [   ]

와공 [   ] 광기 [   ] 방초 [   ] 자살 [   ]

청와 [   ] 광란 [   ] 방춘 [   ] 자상 [   ]

혈거 [   ] 면세 [   ] 불입 [   ] 지엽 [   ]

호혈 [   ] 면죄 [   ] 지불 [   ] 즉지 [   ]

동혈 [   ] 면직 [   ] 수범 [   ] 간지 [   ]

모우 [   ] 미행 [   ] 수양 [   ] 가공 [   ]

중개 [   ] 수미 [   ] 수직 [   ] 가교 [   ]

※ 한자어에 독음을 쓰시오

서가 [   ] 계피 [   ] 주산 [   ] 포교 [   ]

삭감 [   ] 월계 [   ] 주옥 [   ] 포도 [   ]

삭제 [   ] 도산 [   ] 주판 [   ] 포착 [   ]

역병 [   ] 도치 [   ] 주가 [   ] 황당 [   ]

역신 [   ] 타도 [   ] 주주 [   ] 황량 [   ]

위액 [   ] 도리 [   ] 신주 [   ] 황야 [   ]

위염 [   ] 도원 [   ] 차금 [   ] 흉배 [   ]

위장 [   ] 도화 [   ] 차용 [   ] 흉부 [   ]

주상 [   ] 동결 [   ] 가차 [   ] 흉중 [   ]

주서 [   ] 동사 [   ] 축류 [   ] 양상군자 [   ]

주청 [   ] 동상 [   ] 축사 [   ] 교량 [   ]

반경 [   ] 상전벽해 [   ] 가축 [   ] 누계 [   ]

직경 [   ] 조세 [   ] 침수 [   ] 누적 [   ]

측경 [   ] 전조 [   ] 침염 [   ] 누란지위 [   ]

※ 한자어에 독음을 쓰시오

마립간 [   ]   청사 [   ]   하담 [   ]   도미 [   ]

마취 [   ]   송사 [   ]   하물 [   ]   열상 [   ]

대마 [   ]   소송 [   ]   하중 [   ]   분열 [   ]

만년 [   ]   음녀 [   ]   경골 [   ]   파열 [   ]

만성 [   ]   음담 [   ]   경도 [   ]   매개 [   ]

만학 [   ]   음란 [   ]   경화 [   ]   매체 [   ]

맥농 [   ]   자음성 [   ]   멸균 [   ]   중매 [   ]

맥작 [   ]   홍자 [   ]   병균 [   ]   약탕 [   ]

맥피 [   ]   투과 [   ]   살균 [   ]   열탕 [   ]

사로 [   ]   투명 [   ]   대본 [   ]   욕탕 [   ]

사면 [   ]   투시 [   ]   대여 [   ]   격리 [   ]

사시 [   ]   편견 [   ]   대출 [   ]   격세지감 [   ]

독사 [   ]   편경 [   ]   도강 [   ]   격차 [   ]

백사 [   ]   편식 [   ]   도래 [   ]   녹음 [   ]

※ 한자어에 독음을 쓰시오

관록 [   ] 채무 [   ] 위장 [   ] 묵가 [   ]

국록 [   ] 공채 [   ] 위서 [   ] 묵객 [   ]

뇌고 [   ] 부채 [   ] 체납 [   ] 묵화 [   ]

뇌성 [   ] 개연성 [   ] 체념 [   ] 반석 [   ]

뇌우 [   ] 누기 [   ] 체류 [   ] 골반 [   ]

색원 [   ] 누락 [   ] 칠기 [   ] 은반 [   ]

변새 [   ] 누전 [   ] 칠판 [   ] 완급 [   ]

요새 [   ] 부패 [   ] 칠흑 [   ] 완만 [   ]

임금 [   ] 두부 [   ] 탈환 [   ] 완충 [   ]

임대 [   ] 진부 [   ] 강탈 [   ] 진노 [   ]

임차 [   ] 부과 [   ] 약탈 [   ] 진동 [   ]

전각 [   ] 부금 [   ] 연근 [   ] 지진 [   ]

전당 [   ] 부여 [   ] 연지 [   ] 천도 [   ]

성전 [   ] 위서 [   ] 연화 [   ] 천직 [   ]

※ 한자어에 독음을 쓰시오

변천 [   ] 연마 [   ] 무상 [   ] 복토 [   ]

편물 [   ] 연마 [   ] 변상 [   ] 쇄골 [   ]

편성 [   ] 소실 [   ] 선가 [   ] 쇄국 [   ]

편입 [   ] 소주 [   ] 선교 [   ] 폐쇄 [   ]

폐가 [   ] 전소 [   ] 선원 [   ] 계보 [   ]

폐간 [   ] 연미복 [   ] 습기 [   ] 악보 [   ]

폐교 [   ] 착각 [   ] 습윤 [   ] 족보 [   ]

강철 [   ] 착란 [   ] 습지 [   ] 주공 [   ]

강판 [   ] 착오 [   ] 기마 [   ] 주물 [   ]

제강 [   ] 형평 [   ] 기병 [   ] 주조 [   ]

당류 [   ] 균형 [   ] 기사 [   ] 염분 [   ]

당분 [   ] 평형 [   ] 복개 [   ] 염전 [   ]

유당 [   ] 상환 [   ] 복면 [   ] 식염 [   ]

마멸 [   ]

◐ 도서출판 지능,신기교육(도서총판 보람도서) 유치원, 어린이집, 학원 전문 학습교재 ◐
한글/숫자/받아쓰기/영어/주산/암산/서예/한자/속셈/보습/웅변/글짓기/글쓰기/논술/속독
전화 02-856-4983 / 070-7750-7130 휴대폰 010-5250-7130   팩스 02-856-4984

◆ 주산 / 암산 / 수리셈 시리즈	◆ 한글 / 숫자 / 받아쓰기	◆ 한자 / 중국어
주산짱암산짱+기초(개정판)	병아리반의 가나다라	급수검정한자교본 8급
주산짱암산짱+주산 10급~1급	상, 중, 하, 총정리	급수검정한자교본 7급
주산짱암산짱+암산 10급~1급	병아리반의 하나둘셋	급수검정한자교본 6급
주산짱암산짱+암산 단급	상, 중, 하, 총정리	급수검정한자교본 5급
뉴주산수리셈 1~10단계	한글지도 I, II, III	급수검정한자교본 4급
주산급수평가예상문제집 10급~1급	똘이의 글마당 상, 중, 하	급수검정한자교본 4급2
주산급수평가예상문제집 단급 A,B단계	똘이의 셈마당 상, 중, 하	급수검정한자교본 3급
	한글쓰기 1~3단계	
	글셈합본 아름드리 하나~여섯	
주산짱암산짱+호산문제집	영재 국어 글동산 1~5단계	급수검정한자교본 3급2
주산짱암산짱+학습장	영재 수학 셈동산 1~3단계	급수검정한자교본 2급
수리셈 주산입문 1, 2	내친구 한글아 상, 중 하	급수검정한자교본 1급
수리셈 주산연습문제집 12급~1급, 단급	내친구 한글아 완성편	비테에 한자여행 1~6
수리셈 암산연습문제집 9급~1급, 단급	한글깨우침 1~6단계	급수한자자격 기출예상문제집 8급
	수셈깨우침 1~6단계	
검정시험통합 주산암산문제집 12급~1급	참똑똑한 한글달인 1~6단계	급수한자자격 기출예상문제집 7급
	참똑똑한 수학달인 1~6단계	급수한자자격 기출예상문제집 6급
주산수리셈 보충교재 1, 2	비테에 한글 1~8단계	급수한자자격 기출예상문제집 5급
주산암산경기대회연습문제집 유치부, 1학년, 2학년, 고학년	비테에 수학 1~8단계	급수한자자격 기출예상문제집 준5급
	비테에 종합커리큘럼 1~6단계	
	원활동교실 1~6단계	급수한자자격 기출예상문제집 5급
주산수리셈 기초 1단계, 2단계	꿈초롱별초롱 한글쓰기 초, 중, 고	급수한자자격 기출예상문제집 준4급
주산수리셈 영문판 1~10단계	지혜모아 한글 1~5단계	급수한자자격 기출예상문제집 4급
주산 실무지도서	해님이 우리글 1~6단계, 마무리	급수한자자격 기출예상문제집 준3급
주산 실기연습문제집	달님이 수놀이 1~6단계, 마무리	급수한자자격 기출예상문제집 3급
주산교육과 두뇌건강		급수한자자격 기출예상문제집 준2급
주판 13주(칼라), 23주	받아쓰기 짱 1~4단계	급수한자자격 기출예상문제집 2급
교사용주판 11종	한글 받아쓰기 짱 1~4	
◆ 연산 / 보수 / 속셈 문제	◆ 글쓰기 / 논술 / 속독	급수한자자격 기출예상문제집 준1급
(연산) 기초속셈문제 저학년(1~3학년), 고학년(4~6학년)	알짜 글쓰기 1~12단계	급수한자자격 기출예상문제집 1급
	동화속의 논술여행 A~D 각 1~5	중국어 간체자 필기본
숫자(속셈)공부	동화속의 논술여행 A~D세트 (각 세트 5권)	◆ 동요 / 동시
숫자공부1(지능정복1단계)		
숫자공부2(지능정복2단계)	글쓰기왕국 기초, 초급, 중급, 고급 각 1~9	이주일의 동시 1~6학년
지능속셈정복3~12단계		우리 옛시조 감상
하나둘셋 (속셈문제 1단계)	브레인 두뇌속독	해맑은 아이들의 동시
속셈문제연습 2~13단계	정속독 실기1, 2, 응용 1,2,3	
지능 시계공부	독서뱅크3	

단계별 학습 교재 세트는 낱권도 판매 가능
유치원, 학교, 학원, 방과후, 공부방 등 단체 공동구매 및 다량 주문시 특별할인판매
표지 및 정가는 홈페이지 쇼핑몰에서 확인하실 수 있습니다.
BORAMBOOK.CO.KR / boram@borambook.co.kr

지능, 신기교육 주산문제
숫자와주판의 만남 상(11급수준)
숫자와주판의 만남 하(10급수준)
숫자와주판의 만남 숙달1단계(7급)
숫자와주판의 만남 숙달2단계(6급)
기초주산교본 상(9급)
기초주산교본 하(9급)
정통주산문제연습장 7급(8절)
정통주산문제연습장 6급(8절)
정통주산문제연습장 5급(8절)
정통주산문제연습장 4급(8절)

◆ 영어 첫걸음 / 회화 / 영문법
영어회화 1~2
어린이영어 첫걸음, 1, 2, 3단계
패스 기초 영문법
영어를 한글같이
발음첫걸음 1~2
별님이 영어 1, 2, 3단계

상상大로
수학에 풍당 1~5
한글에 풍당 1~5
한글 쓰기에 풍당 1~5

상상大로 월간학습프로그램
월간 한글 배움배움 4세, 5세, 6세, 7세 (3월~2월) 매월 8개씩 카드 포함
월간 수학 배움배움 4세, 5세, 6세, 7세 (3월~2월) 매월 8개씩 카드 포함

상상大로 나만의 동화책 만들기
(생일) 오늘은 내가 주인공
(생일) 오늘이 내 생일이야
(생일) 오늘도 사랑받고 있는 나
(종업) 안녕? 내 친구
(종업) 즐거운 원생활
(종업) 행복한 친구들
※ 아이들의 사진과 글이 담긴 특별한 동화책입니다.

푸른잔디 연간 프로그램
러닝 투게더 병아리반 (언어인지 10권/수리탐구 10권)
러닝 투게더 영아반 (언어인지 10권/수리탐구 10권)
러닝 투게더 유아반 (언어인지 10권/수리탐구 10권)
러닝 투게더 유치반 (언어인지 10권/수리탐구 10권)
베이스 캠프 기초반 놀이캠프 4권/미술캠프 2권/ 퍼즐(대-4종/소-4종)/ 그림카드 38장
베이스 캠프 병아리반 의사소통 10권/수리탐구 10권/ 예술경험 2권/과학탐구 2권/ 그림카드 48장
베이스 캠프 영아반 의사소통 12권/수리탐구 12권/ 예술경험 2권/과학탐구 2권/ 그림카드 64장
베이스 캠프 유아반 의사소통 10권/수리탐구 10권/ 예술경험 2권/8급 한자 2권
베이스 캠프 유치반 의사소통 12권/수리탐구 12권/ 예술경험 2권/8급한자 2권

푸른잔디 단계별 프로그램
스토리텔링 학습으로 배우는 한글캠프 1~7권, 1학년
스토리텔링 학습으로 배우는 수학캠프 1~7권, 1학년
푸른한글 1~7단계
푸른수학 1~7단계
봉봉 드로잉북 1~6권

푸른잔디 미술
러닝 투게더 미술 초급 4권
러닝 투게더 미술 중급 4권
러닝 투게더 미술 고급 4권

푸른잔디 가베
러닝 투게더 프뢰벨의 가베 A단계 10권
러닝 투게더 프뢰벨의 가베 B단계 10권
러닝 투게더 프뢰벨의 가베 C단계 10권
러닝 투게더 프뢰벨의 가베 D단계 10권

푸른잔디 월간 프로그램
아이러브 시리즈 A단계 한글 20권, 수학 20권
아이러브 시리즈 B단계 한글 20권, 수학 20권
아이러브 시리즈 C단계 한글 20권, 수학 20권
아이러브 시리즈 D단계 한글 20권, 수학 20권

기타 / 단행본
피카소는 내친구 1~5단계
창의 또래마당 1~4
미술은 내친구 1~6단계
미술이 좋아요 1,2,3
미술이 신나요 1,2,3
손유희로 꾸며본 성경이야기
손유희 성경이야기 Tape
손유희 창작구연동화
손유희 창작구연동화 Tape
말거리 365 웅변원고
천재여 일어나라
컴퓨터 한자사전 (CD포함)
미용학 사전
헤어 어드벤처
세계를 품은 아이

사전 (졸업선물)
초등학교 새국어사전(양장본)
초등학교 새국어사전(칼라판)
초등학교 새영어사전

도감 (졸업선물)
숲체험현장(동,식물,곤충도감)
아! 꽃이다
아! 공룡이다
화훼 학습자료
어린이 동물도감
어린이 동식물도감
- 기타 단행본 안내 - 반딧불이, 한결미디어 등 각종출판사 약 1,000종